GELASSENHEIT KANN MAN LERNEN

Das geniale Buch für mehr innere
Ruhe, Resilienz und Entspannung
- Mit Achtsamkeit, Meditation
und Akzeptanz nachhaltig
Stress abbauen

- inkl. effektiven Atemtechniken

Clara Lorenz

Originale Erstauflage

Softcover: 978-3-96967-095-8

Redaktion: Finn Alexander Dubbels
Lektorat: Matthias Kramer
Druck/Auslieferung: WirmachenDruck

Impressum:

Eulogia Verlags GmbH
Nagelsweg 22a
20097 Hamburg
Deutschland

Wir wünschen viel Vergnügen beim Lesen!

GELASSENHEIT KANN MAN LERNEN

INHALTSVERZEICHNIS

Vorwort

Gelassenheit ist in unserer schnelllebigen Zeit fast schon zu einem Fremdwort geworden. Die Welt wird immer schneller, der Leistungsdruck nimmt sowohl im privaten als auch im beruflichen Bereich zu. Der daraus entstehende Stress stellt für viele Menschen ein Problem dar, auch wenn er vorerst noch einige Zeit verdrängt werden kann.

Wer kennt nicht die folgenden Situationen? Ein dringender Termin steht bevor und das Auto steht im Stau. Jede Sekunde wird wie eine Ewigkeit empfunden und wir reagieren immer nervöser und gereizter. Sind wir dann endlich angekommen, fällt es uns schwer, uns auf den Termin zu konzentrieren. Der zusätzliche Erfolgsdruck sorgt noch für größeren Stress.

Wir stellen uns an der Kasse im Supermarkt an. Die Schlange ist lang und die Mitarbeiterin an der Nachbarkasse scheint schneller zu arbeiten. Die Wartezeit kommt uns wie eine Ewigkeit vor und schon spult sich ein bekanntes Programm im Gehirn ab: Wir stellen uns vor, wie viel Arbeit zu Hause auf uns wartet und werden somit immer ungeduldiger. Dabei warten wir nur einige Sekunden länger, doch durch die fehlende Gelassenheit werden die Sekunden für uns zu langen Minuten.

Aber warum verhalten wir uns so? Haben wir verlernt, ruhig und gelassen zu warten? Können wir nicht einige Minuten des Nichtstuns akzeptieren? Ist uns die Ausgeglichenheit, die uns durch eine gute Mutter-Kind-Beziehung vermittelt wurde, nicht in die Wiege gelegt worden?

Anscheinend haben wir vergessen, die negativen Emotionen, die uns in solchen Situationen beherrschen, nicht zu beachten. Wir machen uns nicht mehr klar, dass die Aufregung und der Ärger uns nicht weiter bringen. Auch wenn wir keinen Einfluss auf die Dinge haben und diese nicht ändern können, nehmen wir sie nicht einfach hin, sondern reagieren verärgert und gestresst.

Dabei finden die Reaktionen Wut und Ärger einfach automatisch statt, auch wenn diese Empfindungen mit der Realität kaum etwas zu tun haben. Aber sind die Auslöser für diese Empfindungen wirklich so schlimm?

Wir stehen uns im Alltag durch die fehlende Gelassenheit oft selbst im Weg. Die Überforderung durch unwichtige Ereignisse beherrscht unser Leben so stark, dass wir auch bei wichtigen Dingen nicht mehr richtig reagieren.

Deshalb ist es besonders wichtig, wieder Gelassenheit zu erlernen. Ein erster Schritt in diese Richtung ist es, die Auslöser von Stress zu erkennen und bewusst ein alternatives Verhalten zu entwickeln.

Doch wie soll das funktionieren? Hier die gute Nachricht. Gelassenheit kann erlernt und trainiert werden. Wir müssen uns nicht immer von jeder Kleinigkeit verunsichern und aus dem Gleichgewicht bringen lassen. Denn: Ständig unter Strom stehen ist nicht gesund. Brennt die Kerze von beiden Enden, erlischt ihr Licht schneller.

Sie haben den ersten Schritt mit dem Kauf dieses Buches bereits gemacht. Sie wollen Ihr Leben verändern und durch Gelassenheit wieder mehr Schönheit und Ruhe erleben und glücklicher werden.

Je besonnener Sie lernen zu reagieren, umso einfacher werden Sie Lösungen für Ihre Probleme finden. Ärger und Wut beherrschen Sie nicht mehr und verbrauchen Ihre Energie nicht. Sie können Ihre ganze Kraft in das Lösen der Konflikte investieren.

In diesem Buch lernen Sie die Auslöser von Stress und Unruhe kennen. Sie erhalten wertvolle Tipps, wie Sie den täglichen Situationen des Alltags besser begegnen können.

Sie kommen wieder zur Ruhe und werden nicht mehr von den gestressten Menschen in Ihrer Umgebung beeinflusst. Gelassenheit und Entspannung bergen eine neue Quelle der Energie, aus der Sie Kraft schöpfen können.

Kehren Sie mit diesem Buch wieder zurück zu dem gesunden Urprogramm, denn der Schlüssel zu Ruhe und Gelassenheit lautet „Achtsamkeit für sich selbst".

Und eine alte Weisheit wird zu dem neuen Motto Ihres Lebens werden:

„Gott, gib mir die Gelassenheit, Dinge hinzunehmen, die ich nicht ändern kann, den Mut, Dinge zu ändern, die ich ändern kann, und die Weisheit, das eine vom anderen zu unterscheiden."

Jetzt wünsche ich Ihnen noch viel Vergnügen beim Lesen des Buches und beim Erlernen von Gelassenheit durch die in dem Buch enthaltenen Übungen!

Erkunde dich selbst

Erkundigen Sie sich selbst, oder wie über dem Orakel von Delphi stand: „Erkenne dich selbst." Ein sehr wichtiger Punkt. Wir können nur dann gelassener werden, wenn wir verstehen, was bestimmte Situationen in unserem Inneren auslösen. Erkennen wir unser eigenes Handeln, sind wir in der Lage, unsere Reaktionen anzupassen. Wir nehmen direkt Einfluss auf unsere Stimmungen und Gefühle. Eine neue Gelassenheit kann mit einigen Übungen erreicht werden. Und schon fällt der ganze Ärger ab. Sie müssen sich nicht mehr vor einem Burnout-Syndrom durch Überforderung fürchten.

Um zu erkennen, welche Situationen bei Ihnen Stress auslösen, ist es besonders wichtig, dass Sie sich selbst besser kennenlernen. Dazu können Sie zum Beispiel die Lebenslinie-Technik anwenden.

Die Lebenslinie-Technik

Die Lebenslinie-Technik wird Ihnen viele Informationen über Ihr inneres Selbst liefern. Wir leben alle in einer linearen Zeitlinie, die aus einer Vergangenheit, einer Gegenwart und einer Zukunft besteht. Geschehnisse aus der Vergangenheit können von Ihnen nicht mehr verändert werden. Wenn Sie über diese Ereignisse reflektieren, helfen Ihnen die Erkenntnisse – aber in der Gegenwart. Durch die genaue Analyse der Ereignisse lernen Sie, Ihre Emotionen nicht mehr unbewusst ablaufen zu lassen, sondern diese zu steuern. Sie arbeiten bei der Reflexion alte Ereignisse, die noch immer in Ihrem Inneren nachwirken, auf und verbinden Ihre Vergangenheit mit der Gegenwart.

Wenn Sie die Lebenslinie-Technik anwenden, werden Sie verstehen, warum in bestimmten Situationen negative Gefühle auftreten und Sie zum Handeln zwingen.

Achten Sie darauf, die Lebenslinie-Technik nicht ohne professionelle Hilfe anzuwenden, wenn Sie schmerzhafte Traumata aus der Vergangenheit ins Bewusstsein zurückholen und aufarbeiten wollen. Hier sollten Sie der genauen Anleitung eines Psychologen folgen.

Wie wird eine Lebenslinie erstellt?

Zeichnen Sie auf ein Blatt Papier eine gerade verlaufende Linie. Heben Sie wichtige Ereignisse, die in der Vergangenheit stattgefunden haben, durch blaue Markierungen auf der Linie hervor. Dazu zählen zum Beispiel Ihre Geburt, das Kennenlernen des Partners, Kinder, Freunde und ähnliche Dinge.

Jetzt zeichnen Sie mit einer anderen Farbe Markierungen für Ereignisse ein, die Ihr Leben wesentlich beeinflusst und auch verändert haben. Dazu können zum Beispiel ein Wechsel des Wohnorts, eine Ausbildung, eine Beförderung oder ein Wechsel des Arbeitsplatzes in Grün eingezeichnet werden.

Jetzt markieren Sie alle Wendepunkte, die Sie in Ihrem Leben erlebt haben, mit roter Farbe. Verwenden Sie die Farbe Rot vor allem für Ereignisse, bei denen Sie das Gefühl haben, gestärkt aus der Situation hervorgegangen zu sein.

Es fehlen nur noch Situationen, die zu einem Bruch der Lebenslinie geführt haben. Diese werden mit einer dunklen Farbe, zum Beispiel Schwarz, markiert. Ein Bruchpunkt ist immer ein besonders traumatisches

Erlebnis. Das vorherige Leben kann nicht mehr in der gleichen Weise fortgesetzt werden. Veränderungen müssen stattfinden. Sie empfinden das Vorher und das Nachher dieser Situationen deutlich in Ihrem Inneren.

Betrachten Sie Ihre eigene Lebenslinie. Vieles wird Ihnen durch die grafische Darstellung übersichtlicher erscheinen. Überlegen Sie jetzt, welche Auswirkungen jeder markierte Punkt auf Ihr heutiges Leben hat. Konzentrieren Sie sich auf die Konsequenzen, die sich aus den früheren Entscheidungen ergeben haben.

Nutzen Sie Erkenntnisse aus der Vergangenheit, um für die Zukunft zu lernen.

Die Lebenslinie ist Ihre Biografie. Sie ist aber auch mehr als ein normaler Lebenslauf, da durch die Linie auch Rückschlüsse auf Ihre Gefühle gezogen werden können. Sie können jetzt eine etwas neutralere Perspektive einnehmen und über die Ereignisse der Vergangenheit reflektieren.

Was ist das Ziel der Erstellung einer Lebenslinie?

- Lernen Sie aus der Vergangenheit.
- Rufen Sie sich die damaligen Empfindungen ins Bewusstsein und laufen Sie nicht weiter in einem Hamsterrad.
- Betrachten Sie Ihre wichtigen Lebenspunkte und akzeptieren Sie die Ereignisse der Vergangenheit.
- Denken Sie über verschiedene Einflüsse wie Familie oder Kultur nach.
- Diskutieren Sie Ihren eigenen Lebensentwurf.
- Entwickeln Sie neue persönliche Ziele, die Sie in der Zukunft erreichen wollen.

- Holen Sie unbewusste Verhaltensmuster zurück in Ihr Bewusstsein.
- Entwickeln Sie neue Strategien, um bei negativen Situationen nicht sofort wieder in die Stressfalle zurückzukehren.

Bewahren Sie die von Ihnen erstellte Lebenslinie gut auf. Sie werden diese im Laufe des Buches immer wieder hervorholen. Denn nur wenn Sie sich selbst gut kennen, können Sie Strategien gegen den Stress in Ihrem Leben entwickeln. Denn die meisten Techniken, mit denen es Ihnen gelingt, mehr Gelassenheit zu entwickeln, basieren auf einer vorher erstellten Lebenslinie.

Zu diesen Techniken gehört zum Beispiel, dass Sie Ihren Augen nicht immer blind vertrauen. Überprüfen Sie die Wahrnehmung einer Situation. Vielleicht ist alles bei näherer Betrachtung gar nicht so schlimm. Wenn Sie entspannter und gelassener reagieren, behalten Sie immer die vollständige Kontrolle über Ihre Gedanken und Handlungen. Sie werden mehr Möglichkeiten wahrnehmen und sich nicht selbst durch den Stress blockieren.

Für dieses Verhalten ist vor allem ein Gedanke nötig: „Nicht die Dinge um uns herum ändern sich. Wir können nur unsere Betrachtungsweise ändern."

Den ersten Schritt auf diesem Weg haben Sie bereits gemacht. Sie haben erkannt, dass Sie gestresst sind und dass der Stress Ihnen schadet. Jetzt können Sie damit beginnen, sich in jeder Situation den Ablauf des Ereignisses bewusst zu machen. Handeln Sie nicht mehr aus einem Impuls heraus, sondern treffen Sie ganz gezielt Ihre eigene Entscheidung. Dazu gehört zum Beispiel auch eine Veränderung der Wörter, die Sie benutzen. Ist die Situation wirklich eine Katastrophe oder ein Ereignis, das sich bewältigen lässt?

In den weiteren Kapiteln des Buches lernen Sie verschiedene Übungen kennen, die Ihnen helfen, dem Stress bewusst zu begegnen. Dazu gehören zum Beispiel Atemübungen, bewusstes Schweigen und Nachdenken, Trinken von Wasser und Übungen, um gewisse Dinge einfach zu überhören und nicht darauf zu reagieren. Sie lernen verschiedene Entspannungsmethoden wie die Metta-Meditation und progressive Muskelentspannung. Auch einige psychologische Tricks wie Vergeben, Lachen oder Vergessen werden Ihnen helfen, die notwendige Gelassenheit zu erlernen. Sprechen Sie mit sich selbst, um Aggressionen abzubauen. Lernen Sie, für das Geschenk des Lebens dankbar zu sein, und stellen Sie immer das Positive über das Negative. Sie werden schon nach kurzer Zeit erkennen, dass sich mehr Zufriedenheit mit dem Leben lohnt und Sie unwichtige Dinge einfacher auf die leichte Schulter nehmen können.

Mit welchen Methoden können Sie sich selbst noch besser kennenlernen?

Haben Sie schon einmal einen Persönlichkeitstest gemacht? Natürlich darf man dabei nicht alle Ergebnisse für bare Münze nehmen, aber der Test sorgt auf alle Fälle für Unterhaltung. Und einige Wahrheiten sind auch darinnen versteckt. Vielleicht gelingt es Ihnen auch, mit einem Persönlichkeitstest einen neuen Blickwinkel auf Ihre Persönlichkeit zu erlangen. Achten Sie bei diesen Tests aber immer auf einen wichtigen Punkt: Der Test funktioniert für viele Personen nur durch eine Verallgemeinerung. Sie sind aber ein Individuum, das nicht einfach in eine Schublade eingeordnet werden kann. Ist das Ergebnis völlig gegensätzlich zu der Wahrnehmung, die Sie von sich selbst haben, können Sie davon ausgehen, dass der Persönlichkeitstest in diesem Fall nicht funktioniert hat. Skepsis ist immer bei diesen Ergebnissen angebracht, aber auch neue Erkenntnisse können sich aus solchen Tests ergeben. Ihre Persönlichkeit ist nichts Festes, sie ist die Summe aus allen Gewohnheiten, die Sie sich im Laufe des Lebens angeeignet haben. Das bedeutet, dass Sie auch alles an sich nach Ihrem Gutdünken verändern können.

Reflektieren Sie doch einmal über Ihre Denkmuster. Das ist eigentlich ganz einfach. Schreiben Sie einmal die Denkmuster Ihrer Großeltern und Eltern auf ein Blatt Papier. Jetzt schreiben Sie Ihre eigenen Denkmuster, die tief in Ihrer unbewussten Persönlichkeit haften, auf. Bestehen Ähnlichkeiten? Sie werden sicher einige finden. Wie sieht aber Ihr Idealbild von sich selbst aus. Welche Denkmuster würden Sie denn gerne in der Zukunft für Ihre Handlungen heranziehen? Überlegen Sie, welche Denkmuster Sie zu einer stärkeren Persönlichkeit machen und welche für Sie Einschränkungen und Unglück bedeuten. Denken Sie auch über Ihre Eltern und Großeltern nach. Haben Sie von Ihnen ein gutes oder ein schlechtes Bild? Wenn viele negative Eindrücke und Erinnerungen auf Sie einstürmen, überprüfen Sie doch einmal die eigene Perspektive. Versuchen Sie, Ihre unbewusste Abwehr zu durchbrechen und zu dem Kern der Persönlichkeit durchzudringen. Diese Überlegungen werden Sie nicht nur näher mit Ihrer Familie zusammenbringen. Wahrscheinlich werden Sie auch erkennen, wie viel Positives in der Vergangenheit passiert ist. Und viele positive Eigenschaften Ihrer Persönlichkeit wurzeln in Ihrer Vergangenheit.

Um sich selbst besser kennenzulernen, können Sie sich auch einen Überblick darüber verschaffen, was Sie von der Zukunft erwarten. Ihre Erwartungen beeinflussen Ihre Persönlichkeit wahrscheinlich mehr als Sie denken.

Schreiben Sie einfach die Antworten auf folgende Fragen auf ein Blatt Papier:

Was erwarten Sie von sich selbst?

Was erwarten Sie von anderen Menschen und der Welt?

Was erwarten andere von Ihnen?

Natürlich können Sie die Fragen noch vertiefen. Denken Sie einmal darüber nach, warum Sie etwas erwarten und ob diese Erwartung vielleicht in Ihrer Vergangenheit verwurzelt ist. Entsprechen diese Erwartungen wirklich Ihren eigenen inneren Wünschen, oder versuchen Sie durch die Erwartungen eher die Erwartungen Ihres Umfelds zu erfüllen?

Bevor Sie jetzt eine Entscheidung über Ihre Zukunft treffen, sollten Sie Prioritäten setzen. Was ist Ihnen wichtig? Worauf ist Ihr Fokus gerichtet? Was ist Ihr großes Ziel und welche Gefühle sind mit diesem Ziel verbunden?

Und jetzt müssen Sie sich nur noch mit einem Punkt beschäftigen. Dann haben Sie wirklich viel über Ihre Persönlichkeit gelernt. Schreiben Sie alle Ihre Stärken und Schwächen auf. Welche Teile lieben Sie an Ihrer Persönlichkeit? Welche Teile würden Sie gerne verändern? Welche Dinge machen Sie wirklich glücklich?

All diese Punkte werden Sie in einem späteren Kapitel des Buches wieder benötigen, wenn wir gemeinsam beginnen, die richtigen Methoden zur Bekämpfung von Stress herauszufinden.

Damit Sie Ihre eigenen Bedürfnisse besser abschätzen und darauf reagieren können, werde ich Ihnen zuerst etwas über die Ursachen von Stress erzählen. Hier erfahren Sie mehr über Trigger, die Stressreaktionen auslösen, und darüber, warum Sie in bestimmten Situationen gestresst reagieren.

Warum sind viele Menschen so gestresst

Welche Situationen Menschen als Stress empfinden, hängt von ihrer Persönlichkeit und den bisherigen Erfahrungen ab. Natürlich will jeder sowohl im Beruf als auch im Privatleben sein Bestes geben. Die Medien vermitteln uns ein Idealbild, das im Alltag nicht erreicht werden kann.

Und hier erkennen Sie schon die erste Stressfalle: Sie wollen das perfekte Bild, das die Medien vermitteln, erfüllen und stellen zu hohe Anforderungen an sich selber.

Der Stress beherrscht das Privatleben als Familienstress und das Berufsleben als Arbeitsstress und Terminstress. Durch den ständigen Leistungsdruck sind Sie schnell überfordert, da Sie sich keine Pausen nehmen, um abzuschalten.

Überblick über verschiedene Stressformen im Alltag:

- Familienstress durch Streitigkeiten
- Arbeitsstress durch verstärkten Leistungsdruck
- Terminstress
- Psychischer Stress
- Physischer Stress
- Sozialer Stress

Der Familienstress

Stress in der Familie tritt in vielen verschiedenen Formen auf. Er kann einzelne Familienmitglieder oder auch den ganzen Familienverband betreffen. Meistens sind nicht gelöste Probleme die Ursache für den Stress in der Familie. Streiten die Eltern immer wieder, leiden auch die Kinder darunter. Die Unstimmigkeiten bleiben ihnen nicht verborgen. Auf der anderen Seite werden einige Probleme auch durch die Kinder selbst verursacht. Vor allem das Verhalten während der Pubertät ist für die Eltern eine Belastungsprobe. Der dadurch angesammelte Stress kann immer wieder in Streitigkeiten enden.

Ursachen für Familienstress können sowohl innere als auch äußere Einflüsse auftreten.

Innere Einflüsse:

- Hohe Ansprüche, durch die Sie selbst oder andere Familienmitglieder überfordert sind.
- Kein Achten auf die eigenen Bedürfnisse
- Unbewusste Trennungsangst
- Sie schaffen es nicht, Nein zu sagen.
- Sie zweifeln an Ihren eigenen Fähigkeiten.
- Sie besitzen nur ein geringes Selbstwertgefühl und benötigen ständig Bestätigung durch die anderen Familienmitglieder.

Äußere Einflüsse:

- Die Arbeitsteilung zu Hause ist nicht gerecht.
- Die Doppelbelastung durch Beruf und Familienarbeit ist zu groß.
- Sie erhalten von den anderen Familienmitgliedern nicht ausreichend Aufmerksamkeit.
- Bestehende Konflikte werden nicht angesprochen und geklärt.
- Hohe Belastung durch die Pflege von alten oder kranken Familienmitgliedern.
- Ein Familienmitglied leidet bereits unter einem Burnout oder einer psychischen Erkrankung.
- Arbeitslosigkeit
- Das Geld reicht nicht.
- Familienzuwachs durch eine unerwünschte Schwangerschaft

Wenn Sie in der Familie gestresst sind, reagieren Sie gereizt und ungerecht. Ihr Stress überträgt sich auch auf die anderen Familienmitglieder. Jede Situation schaukelt sich immer weiter bis zu einem Streit hoch.

Um Familienstress zu reduzieren, ist es besonders wichtig, dass alle Familienmitglieder miteinander sprechen. Anfallende Aufgaben müssen gerecht verteilt werden, um dem Alltag wieder mehr Struktur und Ordnung zu verleihen. Jedes Familienmitglied muss genügend Zeit zur Verfügung haben, um auf die eigenen Bedürfnisse achten zu können. Überforderung hilft niemandem und führt nur zu neuerlichem Stress.

In späteren Kapiteln des Buches finden Sie nicht nur Übungen für sich selbst, sondern auch Methoden, mit denen Sie gemeinsam mit den anderen Familienmitgliedern Stress verhindern und zu mehr Gelassenheit gelangen können.

Sie sollten nie vergessen: Die Familienarbeit ist durchaus mit einer Schwerarbeit zu vergleichen. Nehmen Sie sich Zeit für gemeinsame Unternehmungen und sorgen Sie so für mehr Gelassenheit und einen besseren Zusammenhalt Ihrer Familie.

Arbeitsstress und Terminstress

Arbeitsstress ist meistens eng mit Terminstress verbunden. Es sind viele Aufgaben zu erledigen. Die Zeit reicht nicht. Und ständig kommen neue Aufgaben dazu. Hier ist es besonders wichtig, dass Sie lernen, Nein zu sagen, und, wenn möglich, Aufgaben auch delegieren. Sprechen Sie mit Ihrem Chef über die zu hohe Arbeitsbelastung. Vielleicht kann der Personalstand aufgestockt oder die Arbeit anders verteilt werden. Konzentrieren Sie sich in der Arbeit auf die wichtigen Dinge und lassen Sie sich nicht ablenken.

Ein weiteres Problem, das Stress auf der Arbeit verursacht, ist Mobbing. Dieses Verhalten kann sowohl von Kollegen als auch von Vorgesetzten ausgehen. Warten Sie nicht ab. Sprechen Sie Mobbing immer sofort an und nehmen Sie eventuell die Hilfe eines Mobbing-Beauftragten in Anspruch. Mobbing verschwindet nicht von allein wieder. Warten Sie nicht, bis sich bei Ihnen durch diese Situation Stress aufgebaut hat, sondern reagieren Sie immer sofort. Kommunikation ist hier besonders wichtig.

Vielleicht reagieren Sie auch gestresst, wenn Sie ständig bei der Arbeit gestört werden. Sie können sich kaum für lange Zeit konzentrieren. Entweder läutet das Telefon immer wieder, oder Kollegen kommen an Ihren Arbeitsplatz, um mit Ihnen wichtige oder unwichtige Dinge zu besprechen.

Terminstress tritt aber nicht nur auf der Arbeit, sondern auch in der Freizeit auf. Die Kinder müssen zur Schule gefahren werden, der Haushalt muss erledigt werden und verschiedene Freizeitaktivitäten stehen auf dem Programm. Müssen Sie wirklich am Wochenende mit Freunden Tennis spielen, nachher zum Stammtisch hetzen und vielleicht noch andere Vereinstätigkeiten ausüben? Warum nicht einmal die Füße hochlegen und entspannen, um den bereits aufgebauten Stress abzubauen und die Zeit mit der Familie gelassen zu genießen? Gemeinsame Unternehmungen tun allen gut und sorgen für einen entspannten Umgang miteinander. Auch im Leben gilt: Weniger ist mehr.

Psychischer und physischer Stress

Krankheiten sind für den Betroffenen immer sehr belastend. Die Unsicherheit und eventuelle Schmerzen erzeugen Stress. Versuchen Sie, die Krankheit nicht nur als Belastung, sondern auch als Chance zu sehen. Konzentrieren Sie sich auf das Positive in Ihrem Leben und Sie werden überrascht sein, welche Gelegenheiten sich Ihnen bieten. Gelassenheit ist vor allem bei Krebserkrankungen besonders wichtig. Hören Sie während der Behandlung immer in sich hinein. Kämpfen Sie nicht gegen die Krankheit, sondern für Ihre Gesundheit. Geben Sie jedem Tag ein positives Erlebnis. Denn Krebs entsteht nicht nur durch äußere Umstände, sondern auch durch inneren Stress und Probleme, die nicht bewältigt wurden.

Leidet ein Familienmitglied unter einer psychischen Erkrankung, erzeugt das natürlich auch bei Ihnen Stress. Sie wollen helfen, sind dazu aber nicht in der Lage. Besonders schwierig sind hier Abhängigkeiten. Alkoholismus oder der Missbrauch von Suchtgiften zerstört durch das veränderte Verhalten des Abhängigen auch die Familie. Die Mitglieder der Familie leiden unter Stress und werden co-abhängig. Suchen Sie sich in diesen Fällen immer professionelle Hilfe, um wieder mehr Gelassenheit zu erlangen.

Sozialer Stress

Jeder möchte gerne erfolgreich sein und die Erwartungen, die die Familie und andere Menschen in ihn setzen, erfüllen. Trotzdem kann es passieren, dass Sie plötzlich arbeitslos werden oder aus anderen Gründen in eine finanzielle Notlage geraten. Stress hilft Ihnen hier nicht weiter. Legen Sie eine Liste mit Ihren Fähigkeiten und Berufswünschen an und überlegen Sie, welche Wünsche sich verwirklichen lassen. Denken Sie gelassen über die Situation nach. Es werden sich dadurch automatisch neue Türen öffnen.

Sozialer Stress wird auch durch den Konkurrenzkampf mit Nachbarn und Freunden verursacht. Sie sehen in den Medien immer die neuesten Autos, die neueste Mode oder teure Reisen. Aber sind diese Dinge wirklich notwendig und wichtig für Sie? Müssen Sie jedes Jahr neue Kleidung kaufen, nur um in zu sein? Ist es wichtig, ein größeres Auto als der Nachbar zu haben oder eine teurere Reise zu unternehmen?

Haben Sie schon einmal den Begriff „Potlach" gehört? Dabei handelt es sich um ein Verhalten, das von einem indigenen Stamm ausgeübt wurde. Um den anderen

Stammesmitgliedern den eigenen Reichtum zu beweisen, wurden Ressourcen vernichtet. Ein Mann zerschlug einen Topf. Sein Nachbar holte einen noch größeren Topf und zerbrach diesen. Wohin führten diese Handlungen? Die beiden Männer wollten sich beweisen, wer der Bessere war. Im Endeffekt handelte es sich aber nur um eine Vernichtung von Besitz. Am Ende waren beide arm.

Wollen Sie sich wirklich auch in die Stressfalle begeben und ein noch größeres Auto, das Sie eigentlich nicht brauchen, kaufen. Und das nur, um dem Nachbarn zu beweisen, dass Sie sich mehr leisten können als er. Steigen Sie aus der sozialen Stressfalle aus und überlegen Sie, welche Dinge für Sie im Leben wirklich wichtig sind.

Sozialer Stress entsteht aber durch eine andauernde finanzielle Notlage. Wer nicht in der Lage ist, die Lebenshaltungskosten zu decken und die notwendigsten Bedürfnisse zu finanzieren, leidet schnell unter sozialem Stress. In diesem Fall kann häufig nur Hilfe von Außenstehenden helfen. Überlegen Sie, wo noch Einsparungen vorgenommen werden können. Haben Sie staatliche Hilfe beantragt? Gibt es Freunde, von denen Sie Unterstützung erhalten können, zum Beispiel bei der Vermittlung eines neuen Arbeitsplatzes?

Sozialer Stress hat auch Auswirkungen auf die Kinder. Sie fühlen sich minderwertig und sind von vielen Unternehmungen Ihrer Freunde aus Geldmangel ausgeschlossen. Auch in diesem Fall können Sie staatliche Hilfe in Anspruch nehmen und so für Ihre Entlastung sorgen.

Im umgekehrten Fall kann auch Reichtum zu sozialem Stress führen. Sie müssen in der Öffentlichkeit ständig gut aussehen und dürfen nicht zeigen, wenn Sie sich schlecht fühlen. Jeder Winkel Ihres Lebens ist wie ein offenes Buch. Jede Handlung wird von der breiten Öffentlichkeit diskutiert. Über Sie sind viele Meinungen im Umlauf, die nicht den Tatsachen entsprechen. Hier hilft nur eines: Hören Sie weg. Nehmen Sie diese Sachen nicht ernst oder persönlich. Sie haben nichts mit Ihnen zu tun. Die Behauptungen entsprechen nur den Vorstellungen der Medien, die andere Menschen mit Gerüchten füttern wollen. Hier hilft nur Gelassenheit, da Stress nur Ihnen selbst schadet.

Stress endet immer in einem Burnout

Was aber passiert, wenn Sie ständig unter Stress stehen? Ihr Körper und Ihr Gehirn können sich nicht mehr erholen. Ruhepausen fehlen vollständig. Sie stehen unter Strom und laufen ständig auf Hochtouren. Das mag ja einige Zeit gut gehen. Aber schon kurz darauf werden Sie sich nicht mehr wohlfühlen. Sie reagieren gereizt, auch auf Kleinigkeiten, und sind ständig müde und erschöpft. Alles ist Ihnen durch den andauernden Stress zu viel geworden. Je mehr die Erschöpfung steigt, umso weniger leistungsfähig sind Sie. Die Konzentration sinkt. In Ihre Arbeit schleichen sich Fehler ein. Sie leiden häufig unter Erkältungen oder Bauchschmerzen und schaffen es nicht mehr, in die Arbeit zu gehen. Jetzt sind Sie auf dem besten Weg in ein Burnout.

Sie benötigen schnelle Hilfe, um der Stressfalle zu entkommen und in Ihrem Leben der Gelassenheit mehr Platz einzuräumen. Machen Sie weiter wie bisher, werden die gesundheitlichen Probleme Ihr Leben immer stärker beeinflussen. Mit der Zeit endet Burnout in einer Depression. Jetzt sind Sie akut gefährdet. Ihr Selbstbewusstsein ist stark geschwächt. Sie fühlen sich wertlos und nutzlos. Erste Selbstmordgedanken tauchen auf.

Mit diesem Buch haben Sie jedoch rechtzeitig den ersten Schritt gemacht. Sie wollen nicht mehr gestresst auf jede Situation reagieren und lernen, gelassener zu leben. Verhindern Sie, dass Sie in ein Burnout geraten und eine Depression erleiden. Reißen Sie das Ruder rechtzeitig herum und verändern Sie Ihr Leben zum Positiven.

Denn Sie müssen nicht dem Idealbild entsprechen und alle Anforderungen zu mehr als 100 Prozent erfüllen. Das bedeutet, Zeit für die Familie zu haben und auch bereit zu sein, in der Arbeit Überstunden zu leisten, wenn die normale Arbeitszeit nicht mehr ausreicht. Der Stress ist vorprogrammiert. Es immer jedem recht machen zu wollen, ist nicht nur stressig, sondern schlicht unmöglich. Der innere Druck, den wir uns selbst machen, wird immer stärker. Nach einiger Zeit führt der Stress zum Burnout. Perfektionismus kann also nicht das Ziel sein. Achtsamkeit auf Ihren Geist und Ihren Körper ist das Motto. Vermeiden Sie Stress, schon bevor er entsteht. Verlassen Sie das Hamsterrad der automatischen Reaktionen und machen Sie sich bewusst, dass Sie nicht auf alles mit 100 Prozent Ihrer Kraft reagieren müssen. Handeln Sie bei Kleinigkeiten mit Humor und widmen Sie sich den wirklich wichtigen Dingen im Leben. Stress wird dann durch die Übungen in diesem Buch der Vergangenheit angehören.

Der Unterschied zwischen gelassenen und gestressten Menschen

Anspannung ist eigentlich etwas ganz Natürliches. Sie ist ein Mechanismus, der uns früher und teilweise auch heute das Überleben ermöglicht hat. Sollen wir auf etwas in unserer Umgebung besonders achten, sendet Körper emotionale und physische Signale. Der Blutdruck steigt an, die Atmung ist beschleunigt. Geräusche und Bewegungen in der Umgebung werden verstärkt wahrgenommen. Normalerweise folgt auf die Phase eine Zeit der Entspannung, in der sich der Körper wieder erholen kann.

Bei ständig unter Strom stehenden Menschen ist das nicht der Fall. Sie kommen nicht zur Ruhe. Der Stress wird zum Dauerzustand und wirkt sich auf den körperlichen und seelischen Zustand aus.

Gestresste Menschen sind unruhig und nervös. Sie leiden häufig unter Kopfschmerzen und Verdauungsstörungen. Der Blutdruck ist erhöht und mit der Zeit reagiert auch das Herz auf die ständige Anspannung. Herzrhythmusstörungen treten immer wieder auf.

Bei der Arbeit können sich gestresste Menschen nur schwer auf eine Aufgabe konzentrieren. Während eine Sache erledigt wird, spukt schon die nächste im Kopf herum. Dadurch passieren immer wieder vermeidbare Fehler.

Bei ihren Arbeitskollegen sind die gestressten Menschen nicht so beliebt. Der Druck erzeugt ein schlechtes Arbeitsklima. Laute Worte und Streit sind keine Seltenheit. Die

Ungeduld eines gestressten Menschen überträgt sich auch auf die anderen. Ein entspanntes Arbeiten ist nicht mehr möglich.

Aber auch ins Privatleben wird der Stress mitgenommen. Kinder und andere Familienangehörige werden ungeduldig behandelt. Ein harmonisches Zusammensein ist nicht möglich.

Da eine Entspannung nicht möglich ist, finden auch kaum gemütliche Treffen mit Freunden statt. Selbst die Freizeit ist voller Stress. Es sind ja schließlich unzählige Dinge zu erledigen.

Hält dieser Stress über viele Monate an, macht sich die Überforderung bemerkbar. Die Betroffenen rutschen in ein Burnout. Sie bringen keine Energie mehr auf, um die kleinsten Dinge zu erledigen. Der Körper und der Geist sind vollkommen erschöpft und können sich aus der Stressfalle nicht mehr befreien.

Im Gegensatz dazu stehen entspannte Menschen. Sie begegnen ihrer Umgebung freundlich und nehmen nicht alles persönlich.

Entspannte Menschen sind auf der Arbeit erfolgreicher. Sie nehmen sich Zeit, über Aufgaben und Probleme nachzudenken, und finden so schneller eine Lösung und machen weniger Fehler.

Wer nicht alles so wichtig nimmt und sich nicht über Kleinigkeiten aufregt, kann sich den wirklich wichtigen Dingen besser und konzentrierter widmen.

In ihrer Umgebung sind entspannte Menschen beliebter. Sie besitzen einen größeren Freundeskreis. Da die ständigen Probleme nicht immer wieder zu Streit führen, verläuft auch das Familienleben entspannter. Kompromisse werden eingegangen. Die Zufriedenheit mit dem Leben steigt. Entspannte Menschen sind eben glücklicher als gestresste Menschen. Sie haben nicht ständig das Gefühl, dass hinter ihnen jemand steht, der sie zu noch mehr Leistung drängt.

Körperlich fühlen sich entspannte Menschen wohler. Auch wenn einmal für kurze Zeit eine stressige Situation auftritt, ist nachher immer genügend Zeit für den Körper, sich wieder zu entspannen.

Anders als bei gestressten Menschen funktioniert das Immunsystem der entspannten Menschen besser, da es nicht durch den Stress und dadurch verursachte chronische Entzündungen im Körper ständig belastet wird. Entspannte Menschen sind dadurch weniger anfällig für Infektionskrankheiten.

Die chronischen Entzündungen, die durch den Stress verursacht werden, können schwerwiegende Folgen haben. Durch die dauerhafte Reizung und die beeinträchtigte Funktion des Blutkreislaufsystems werden Schadstoffe aus dem Körper nicht mehr so schnell abtransportiert. Bei gestressten Menschen besteht ein höheres Risiko, an Krebs zu erkranken.

Bei entspannten Menschen wird das Herz nicht ständig belastet, der Blutdruck ist in einem normalen Bereich. Das Risiko, an einem Herzinfarkt oder Schlaganfall zu erkranken oder zu sterben, ist geringer als bei gestressten Menschen.

Zusammenfassend kann gesagt werden, dass Gelassenheit viele Vorteile hat. Sie ermöglicht ein glücklicheres und entspannteres Leben. Gesetzte Ziele werden mit Gelassenheit schneller erreicht, da sich ein entspannter Mensch auf sein Ziel konzentrieren kann und sich nicht über jede Kleinigkeit aufregt und sich selbst im Weg steht. Da man sich nicht mehr verzettelt, spart man auch Zeit und gelangt wesentlich schneller ans Ziel.

Stress	Gelassenheit
Ständige Anspannung	Anspannung nur zeitweise
Keine Entspannung	Entspannende Erholungspausen
Unglücklich	Glücklich
Anfällig für Infektionskrankheiten	Besser funktionierendes Immunsystem
Ständige Kopfschmerzen	Keine ständigen Kopfschmerzen
Nervosität, Unruhe	Entspannung, Ruhe
Unfreundlichkeit, Streit	Harmonie, Freundlichkeit
Unbeliebt	Beliebt

Tabelle zu den Unterschieden zwischen gestressten und entspannten Menschen

Wie reagiert man auf bestimmte Situationen

Denken Sie einmal nach. Gehören Sie eher zu den gestressten oder zu den gelassenen Menschen? Reagieren Sie gereizt, oder lassen Sie sich von Kleinigkeiten nicht aus der Ruhe bringen?

Lassen Sie uns das doch anhand einiger Beispiele gemeinsam herausfinden.

Beispiel 1:

Sie stehen in der Küche. Das Kind quengelt und verlangt dauernd nach Ihrer Aufmerksamkeit. Das Essen droht anzubrennen. Gleichzeitig klingelt das Telefon. Außerdem sollen Sie für den nächsten Tag einiges für die Arbeit vorbereiten.

Wie reagieren Sie? Fühlen Sie schon die Panik in sich aufsteigen? Wie sollen Sie das alles bloß erledigen? Sie sind überfordert, schreien das Kind an. Das Klingeln des Telefons zerrt an Ihren Nerven. Das Essen brennt an. In Ihrer Ungeduld und Gereiztheit haben Sie keine der Aufgaben erledigt. Sie sind gestresst.

Als gelassener Mensch erledigen Sie eine Aufgabe nach der anderen. Sie nehmen den Topf vom Herd. Das Essen ist gerettet. Am Telefon versprechen Sie einen Rückruf. Sie hören dem Kind zu und geben ihm eine Beschäftigung. Dann können Sie den versprochenen Rückruf tätigen. Nichts ist passiert. Sie können sich jetzt sogar der für morgen vorzubereitenden Arbeit widmen. Alles ist erledigt und alle sind zufrieden.

Beispiel 2:

Sie befinden sich auf der Arbeit. Vor Ihnen stapeln sich die Aufgaben, die erledigt werden wollen.

Ruhig beginnen Sie, die Aufgaben nach ihrer Dringlichkeit und Wichtigkeit zu ordnen, und fangen konzentriert mit Ihrer Arbeit an. In diesem Fall reagieren Sie wie ein gelassener Mensch.

Anders handelt ein gestresster Mensch. Sie schauen auf den Stapel an Aufgaben und geraten in Panik. Wie sollen Sie das alles erledigen? Das ist doch gar nicht möglich. Sie werden nervös. Eine Konzentration ist nicht mehr möglich. Jede Aufgabe scheint Ihnen nicht bewältigbar. Sie verzetteln sich in unwichtigen Dingen. Am Ende des Arbeitstages ist vieles nicht erledigt.

Beispiel 3:

Sie kaufen nach der Arbeit im Supermarkt ein. Heute Abend erwarten Sie Besuch. An den Kassen stehen lange Schlangen von wartenden Personen.

Natürlich haben Sie sich wieder die langsamste Warteschlange ausgesucht. Alle anderen scheinen schneller voranzukommen. Sie reagieren gereizt und gestresst.

Aber ist die Situation auch in der Realität so?

Suchen Sie sich doch eine Person als Fixpunkt, die an der benachbarten Kasse wartet. Die Person wird einmal schneller und einmal langsamer als Sie vorankommen. Am Ende stehen Sie fast zur gleichen Zeit an der Kasse.

Wenn Sie gereizt warten, dass Sie vorankommen, vergeht die Zeit für Sie viel langsamer, als wenn Sie gelassen abwarten. Versuchen Sie es doch einmal mit folgendem Satz: „Alles ist gut. Ich schaffe es rechtzeitig nach Hause." Wenn Sie gelassen warten, regen Sie sich nicht unnötig auf. Sie können inzwischen in Ruhe über die Gestaltung des Abends nachdenken.

Außerdem handelt es sich hier um eine Situation, die Sie nicht ändern können. Jede Aufregung und jeder Ärger wäre sinnlos und kostet nur unnötige Kraft.

Wie können Sie sich selbst besser kennenlernen?

Um sich selbst einordnen und beurteilen zu können, ob Sie zu den gestressten oder den gelassenen Menschen gehören, sollten Sie sich selbst erst einmal besser kennenlernen.

Diese Begegnung mit sich selbst funktioniert in fünf Schritten:

1. Treffen Sie eine Verabredung mit sich selbst.
2. Machen Sie verschiedene Persönlichkeitstests.
3. Lassen Sie sich von Familienangehörigen und Freunden ein Feedback geben.
4. Beobachten Sie Ihre Reaktionen, als würden Sie neutral von außen zusehen.
5. Versuchen Sie neue Dinge und achten Sie dabei auf Ihre Gefühle und Reaktionen.

Machen wir doch einmal gemeinsam einen Stresstest. Beantworten Sie die folgenden Fragen mit sehr häufig, häufig, selten oder nie:

Ich bin nervös und angespannt.

In mir kann ich eine große innere Unruhe wahrnehmen.

Ich glaube, dass ich meine Arbeit nicht schaffe.

Ich habe zu wenig Zeit für mich selbst.

Ich bin durch die vielen Aufgaben erschöpft.

Ich habe das Gefühl, dass alles dringend ist und sofort erledigt werden muss.

Ich kann den Druck körperlich spüren.

Ich habe Angst davor, Fehler zu machen.

Entscheidungen zu treffen, fällt mir schwer, da sie falsch sein könnten.

Mein Leben ist ein Hamsterrad, aus dem ich nicht entkommen kann.

Ich stehe ständig unter Strom.

Während des Tages fühle ich mich ständig erschöpft.

Ich habe in der Freizeit keinen Spaß mehr.

Ich ziehe mich von den anderen Menschen zurück.

Freundschaften sind für mich belastend, weil ich das Gefühl habe, die Erwartungen nicht erfüllen zu können.

Ich vergesse vieles.

Ich habe das Gefühl, nur mehr zu funktionieren.

Ich war schon lange nicht mehr glücklich.

Ich fühle mich innerlich leer.

Durch den Druck auf meiner Brust kann ich kaum mehr atmen.

Ich leide unter Kopfschmerzen und Verdauungsstörungen.

Mein Sexualleben bleibt auf der Strecke.

Ich kann nur mehr kurz mit Alkohol, Zigaretten oder einem anderen Suchtmittel entspannen.

Zählen Sie, wie häufig die jeweiligen Antworten von Ihnen verwendet wurden. Je öfter Sie mit ja oder sehr häufig geantwortet haben, umso höher ist der Stress-pegel in Ihrem Leben.

Natürlich kann es auch sein, dass Sie nur wenige Fragen mit sehr häufig beantwortet haben. Trotzdem fühlen Sie sich angespannt und gestresst. Das kann daran liegen, dass sich bei Ihnen nur einige Symptome sehr stark auswirken und dadurch die anderen Probleme in den Hintergrund gedrängt und nur verdeckt wahrgenommen werden.

Warum es so wichtig ist, sich selber zu kennen

Nur wenn Sie sich selbst kennen, können Sie aus der Stressfalle entkommen. Je genauer Sie Ihre Reaktionen abschätzen können, umso leichter fällt es Ihnen, aus dem Hamsterrad auszusteigen und ein neues Leben zu beginnen.

Stoppen Sie das Rad, schon bevor es beginnt, sich zu drehen. Machen Sie sich bewusst, warum Sie auf manche Situationen mit Stress reagieren.

In den folgenden Kapiteln werden Sie auch verschie-dene Möglichkeiten kennenlernen, um den Kreislauf zu durchbrechen und ein Leben mit Gelassenheit und Acht-samkeit zu führen.

Nur wer sich selbst kennt, ist in der Lage, Hilfe bei Freunden und seinem Netzwerk zu finden. Denn nur durch Selbsterkenntnis lernen Sie auch die richtigen Menschen kennen, die Ihnen in Stresssituationen helfen können.

Bedürfnisse ermitteln

Um der Stressfalle zu entkommen und ein gelassener Mensch zu werden, ist es besonders wichtig, seine eigenen Bedürfnisse genau zu kennen. Tun Sie das nicht, fühlen Sie sich wie ein Fisch auf dem Trockenen, der verzweifelt versucht zu fliegen. Da alle anderen von dem Fisch zu erwarten scheinen, dass er fliegt wie ein Vogel, fühlt er sich wie ein Versager. Der Fisch erkennt nicht, dass er außerhalb seines natürlichen Elements ist und er nur eines für ein glückliches Leben braucht: Wasser.

Er wird sich immer weiter abmühen und durch die dauernden vergeblichen Bemühungen immer mehr Stress aufbauen. Dabei ist die Lösung so einfach. Hält der Fisch inne und konzentriert sich auf sein innerstes Wesen und seine Gefühle, kann er erkennen, dass es ihm bestimmt ist zu schwimmen. Er wird sich einfach in das Wasser fallen lassen. Und schon ist der Stress verschwunden.

Was können Sie daraus lernen?

Um ein Leben in Gelassenheit führen zu können, ist es vor allem wichtig, Ihre Stärken und Bedürfnisse genau zu kennen.

Nehmen Sie sich Zeit und hören Sie in sich hinein. Ist es Ihnen wirklich wichtig, alle Dinge schnell zu erledigen? Erhalten Sie nicht mehr Befriedigung durch eine gut und fehlerfrei als eine schnell erledigte Aufgabe?

Kennen Sie Ihre eigenen Bedürfnisse, können Sie die richtigen Entscheidungen treffen. Schnell werden Sie sich wohler fühlen, da Sie keine Energie mehr für nicht passende Aufgaben verbrauchen.

Was ist eigentlich ein Bedürfnis?

Ein Bedürfnis entsteht in Ihren Gedanken. Es ist das Gefühl, dass in Ihrem Leben etwas fehlt. Durch dieses Loch wird es Ihnen unmöglich gemacht, glücklich zu sein.

Welche Bedürfnisse gibt es?

Liebe

Freundschaft

Ruhe

Sicherheit

Spaß

Kreativität

Genuss

Freude

Bewegung

Abwechslung

Sauberkeit

und viele andere Dinge.

Fertigen Sie doch einmal eine Liste an, welche Dinge für Sie wirklich wichtig sind.

Hören Sie dazu genau in sich hinein. Vertauschen Sie den Satz: „Erst die anderen, dann ich", gegen: „Erst ich, dann die anderen". Merken Sie, wie sich Ihre Sicht auf die Dinge dadurch verändert.

Bei dieser Liste kommt es nicht darauf an, die Erwartungen Ihres Chefs oder anderer Menschen in Ihrer Umgebung zu erfüllen. Es kommt einzig und allein darauf an, was Sie wollen und was Sie glücklich macht.

Das hat nichts mit Narzissmus oder Egoismus zu tun. Es ist einfache Selbstliebe, die jedem Menschen zusteht und ohne die ein gelassenes und glückliches Leben nicht möglich ist.

Gehen wir noch einen Schritt weiter. Zeichnen Sie mehrere Töpfe auf ein Blatt Papier. Nennen wir die Töpfe Bedürfnistöpfe. Jetzt geben Sie jedem Topf den Namen eines Bedürfnisses. Die Töpfe sind ausschließlich für Sie gedacht. Sie bestimmen den Inhalt und die Füllhöhe. Betrachten Sie die Zeichnung jeden Tag und überlegen Sie, ob sich die Füllhöhe der Töpfe verändert hat. Haben Sie auf sich selbst geachtet und Ihre Bedürfnisse an diesem Tag erfüllt. Oder ist an einer Stelle vielleicht ein Defizit zu erkennen?

Die Stressfalle kann das Erkennen der Bedürfnisse verhindern. Wenn Sie sich zu sehr auf die Anforderungen, die Ihre Umgebung an Sie stellt, konzentrieren, vergessen Sie, auf Ihr inneres Selbst zu hören. Sie verlieren den Kontakt zu Ihrer Mitte und können den Stress nicht mehr durch Entspannung ausgleichen.

Mit dem Kauf dieses Buches haben Sie schon den ersten richtigen Schritt gemacht. Sie suchen nach einer Lösung, aus der Stressfalle zu entkommen.

Welche Möglichkeiten der Stressreduktion wurden schon ausgeschöpft?

Sie sind gestresst und wollen nicht mehr bei jeder Situation ausrasten. Viele unterschiedliche Methoden haben Sie schon ausprobiert. Aber keine hat Ihnen wirklich geholfen, den Teufelskreis der Stressfalle zu durchbrechen. Haben Sie sich für die falschen Methoden entschieden? Oder vielleicht einige Dinge vernachlässigt oder nicht konsequent durchgezogen?

In diesem Kapitel finden Sie Methoden, die nur selten zum Erfolg führen. Sie lernen, worauf Sie achten und welche Fehler Sie vermeiden sollten, um gelassener zu reagieren.

Entspannung ist für die Verringerung von Stress besonders wichtig. Aber wie können Sie richtig entspannen? Mit einer Zigarettenpause? Das ist nicht nur ungesund, sondern verursacht durch die Aufnahme von Nikotin ein Suchtverhalten.

Beim Rauchen entspannen Sie nicht richtig. Rezeptoren für Botenstoffe im Gehirn werden durch das Nikotin besetzt. Dadurch ist eine verstärkte Funktion der Neuronen notwendig, um Signale weiterzuleiten. Auch wenn Sie sich vielleicht subjektiv für kurze Zeit etwas entspannt fühlen, arbeiten die Nervenzellen im Gehirn auf Hochtouren. Entspannung sieht anders aus.

Eine Droge, die gesellschaftlich anerkannt ist, ist Koffein. Haben Sie schon einmal versucht, sich bei der Arbeit besser konzentrieren zu können, wenn Sie eine Tasse Kaffee nach der anderen trinken? Das funktioniert nicht.

Das im Kaffee enthaltene Koffein regt den Blutkreislauf und die Tätigkeit der Nerven an. Sie sind hellwach und immer noch gestresst. Ruhiges konzentriertes Arbeiten, um eine Lösung für ein Problem zu finden, ist nicht möglich. Haben Sie schon überlegt, warum Sie sich in einer Arbeitspause nicht entspannen konnten? Vielleicht lag es an der Tasse Kaffee. Das Gleiche gilt natürlich auch für schwarzen Tee oder starken grünen Tee. Beide Genussmittel wirken anregend auf die Nerventätigkeit und verhindern eine Entspannung und den Abbau von Stress.

Helfen Medikamente, Stress abzubauen? Bei dieser Methode sollten Sie bedenken, dass Medikamente immer auch Nebenwirkungen haben. Die meisten machen sogar süchtig. Nach einiger Zeit wechseln Sie zwischen Beruhigungsmitteln für die Entspannung und anregenden Medikamenten, um besser zu funktionieren. Ein weiterer Teufelskreis, der Ihrer Gesundheit sicher nicht gut tut.

Warum hat das Halten von Pausen nicht gewirkt? Sie haben immer wieder während des Tages eine Pause gemacht, sind aber immer noch gereizt und gestresst. Warum ist das so? War die Pause zu kurz, haben Ihr Körper und Ihr Gehirn nicht genügend Gelegenheit, sich zu erholen. Die kurze Entspannungspause hilft nicht. Wie lange eine solche Pause sein muss, ist individuell sehr unterschiedlich und auch von weiteren äußeren Faktoren beeinflusst.

- Unterbrechung der Pause durch ein Telefongespräch
- Während der Pause werden Probleme mit Arbeitskollegen besprochen.
- Private Probleme spuken im Kopf herum.
- Sie konzentrieren sich nicht auf die Entspannung, sondern auf Dinge, die Sie nachher möglichst schnell erledigen wollen.

- Keine Ruhe durch laute Geräusche
- Das Klingeln des Telefons verhindert ein Abschalten und Entspannen.

Sport und Bewegung sind gut für eine Entspannung. Die körperliche Auslastung bildet den perfekten Gegensatz zu der geistigen Anspannung. Aber auch Sport kann, wenn er falsch ausgeführt wird, Stress verursachen.

Sport, der zur Entspannung ausgeübt wird, ist kein Hochleistungssport und kein Wettkampf um Medaillen. Er soll in erster Linie Spaß machen und dem Körper einen Ausgleich für die sitzenden Tätigkeiten bei der Arbeit bieten.

Bis zur Erschöpfung zu trainieren, ist aber kein Ausgleich. Im Gegenteil. Die negativen Auswirkungen auf den Körper überwiegen. Damit Sport hilft, den Stress zu verringern und abzubauen, muss er den Körper unterstützen, ohne zu einer vollständigen Erschöpfung zu führen.

Ausreichend Schlaf ist besonders wichtig, um während des Tages fit zu sein und gelassen reagieren zu können. Im Schlaf erholen sich der Körper und das Gehirn. Erlebnisse, die während des Tages belastend waren, können verarbeitet und als Erinnerung abgespeichert werden. Verläuft der Schlaf nicht ungestört, treten während des Tages Stress und Konzentrationsstörungen auf. Durch die anhaltende Müdigkeit reagieren Sie gereizt und gestresst. Sie schaffen es nicht, sich zu konzentrieren.

Wodurch kann der Schlaf gestört werden:

- Zu laute Geräusche in der Umgebung
- Zu hohe Raumtemperatur

- Falsche Matratze, die Verspannungen der Muskulatur verursacht.
- Das Telefon bleibt auch in der Nacht eingeschaltet.
- Im Schlafzimmer ist es zu hell.
- Der Fernseher im Schlafzimmer ist auf Standby.
- Keine gute Durchlüftung des Schlafzimmers
- Albträume
- Luftnot durch Schnarchen
- Die Arbeit verfolgt Sie bis in den Schlaf.
- Der Schlafrhythmus wird durch Koffein gestört.

Sie sehen: Es ist gar nicht so einfach, ungestört zu schlafen. Machen Sie sich doch eine Checkliste, wodurch Sie in der Nacht geweckt werden. Versuchen Sie, die Störungen dauerhaft zu beseitigen.

Häufig wird schon durch die Auswahl der falschen Entspannungsmethode ein Abbau von Stress verhindert. Hier muss jeder für sich die individuell richtige Methode finden.

Ob einen Film anschauen, auf der Couch liegend ein Buch lesen oder einen Spaziergang im Wald machen – es gibt viele Möglichkeiten, sich auf sich selbst zu besinnen und gelassener zu reagieren.

Dieses Buch wird Ihnen dabei helfen, die für Sie richtige Methode zu finden und anzuwenden. Der Weg zur Gelassenheit ist gar nicht so lang. Doch zuerst müssen wir uns noch mit den Dingen befassen, die ein gelassenes Leben verhindern.

Die Gegner der Gelassenheit

Mangelnde Gelassenheit kann viele verschiedene Ursachen haben:

- Stress
- Ängste
- Leistungsdruck
- Mangelnder Schlaf
- Fehlende Erholungspausen
- Geldsorgen
- Kaffee
- Drogen
- Filme, die Albträume verursachen.
- Falsch ausgeführter Sport
- Kopfschmerzen oder andere Schmerzen
- Kein Selbstwertgefühl
- Pessimistische Lebenseinstellung
- Perfektionismus
- Negative Selbstgespräche
- Trauer
- Ein bevorstehendes Meeting

Wie Sie sehen, können Stressfaktoren, die die Gegner der Gelassenheit sind, in innere oder äußere Stressfaktoren eingeteilt werden. Doch was ist genau der Unterschied zwischen einem inneren oder einem äußeren Stressfaktor?

Auf die äußeren Stressfaktoren haben Sie kaum Einfluss. Sie können nicht verhindern, dass Sie einen Strafzettel bekommen oder der Terminkalender vom Chef zu reichlich gefüllt wird. Worauf Sie Einfluss haben, ist Ihre Reaktion auf einen externen Stressfaktor. Hier können Sie ansetzen. Denn das negative Gedankenkarussell muss nicht immer sofort in Gang kommen. In diesem Buch werden wir gemeinsam eine Methode entwickeln, wie Sie den negativen Kreis durchbrechen, die Sache nicht so wichtig nehmen und gelassener auf die äußeren Umstände reagieren können.

Stress

Stress hat viele Gesichter. Was belastet, ist bei jeder Person individuell verschieden. Stress muss aber nicht immer negativ sein. Es gibt auch positiven Stress, der uns zum Beispiel beim Sammeln von Erfahrungen oder beim Lernen hilft.

In diesem Kapitel erfahren Sie mehr über die verschiedenen Formen von Stress. Sie lernen, welche Stressformen für Sie von Bedeutung sind und wie Sie diesen Stress einfach erkennen können, bevor negative Auswirkungen auf Ihren Körper und Ihren Geist sichtbar werden.

Was ist eigentlich Stress und wie entsteht er?

Bei Stress handelt es sich um eine Reaktion von Lebewesen, die die Chancen für ein Überleben in einer Gefahrensituation erhöhen. Der Körper wird in einen Alarmzustand versetzt. Unwichtigere Körperfunktionen werden verringert oder vollständig ausgeschaltet.

Um den Stress besser erklären und untersuchen zu können, wurden von der Wissenschaft zwei Modelle entwickelt: das biologische Stressmodell und das transaktionale Stressmodell.

Das biologische Stressmodell

Auf einen äußeren Reiz läuft im Körper des Lebewesens ein Aktivierungsmuster ab, durch das für die Flucht oder den Kampf eine große Menge an Energie bereitgestellt wird. Die letzten Reserven werden mobilisiert. Nicht notwendige Funktionen werden heruntergefahren. Der

Hormonstoffwechsel passt sich an diese Umstände zum Beispiel durch eine erhöhte Produktion und Ausschüttung von Kortisol an. Der Körper passt sich also aktiv an die jeweilige Situation an und reagiert dementsprechend.

Auch wenn es für den Körper keinen Unterschied ausmacht, muss bei diesem Modell zwischen einem positiven und einem negativen Stress unterschieden werden. Der positive Stress wird auch als Eustress, der negative Stress als Distress bezeichnet.

Stellen Sie sich Folgendes vor: Sie haben ein Hobby, das Ihre Freizeit ausfüllt und das Sie gerne ausüben. Sie ergreifen die Gelegenheit und machen aus Ihrem Hobby einen Beruf. Der Beruf ist dann eigentlich eine Berufung. Leistungen, die Sie jetzt erbringen, sind ein positiver Stress. Sie arbeiten gerne und fühlen sich nicht überlastet und gestresst.

Im Lauf der Jahre nimmt das Arbeitsvolumen immer mehr zu. Sie werden immer erfolgreicher, Ihre Umgebung erwartet immer größere Leistungen von Ihnen. Jetzt beginnt der positive Stress, in einen negativen Stress umzuschlagen. Die Arbeit macht Ihnen nicht mehr so viel Freude wie früher. Die mentale Erschöpfung wird immer größer und Sie steuern auf ein Burnout zu. Wenn Sie jetzt Ihre Lebensumstände nicht ändern, beginnt der Stress, sich in Ihrem Körper zu manifestieren. Der Stress häuft sich immer mehr an, ein Abbau durch Ausgleich ist nicht mehr möglich. Sie leiden unter Kopfschmerzen, Verspannungen, Blutdruck- und Herzproblemen. Arbeiten Sie jetzt weiter so intensiv, um weiter überdurchschnittlich erfolgreich zu sein, setzt sich das Burnout fest.

Sie sind lustlos, können die einfachsten Aufgaben nicht mehr bewältigen und fühlen sich durch das ganze Leben überfordert. Gleichzeitig mit dem Burnout erfolgt ein sozialer Rückzug. Freundschaften zerbrechen, die Partnerschaft wird übermäßig belastet. Das Burnout geht in eine Depression über, die eine jahrelange Behandlung durch Medikamente und Gesprächstherapien erfordert. Wahrscheinlich sind Sie sogar über viele Monate hinweg arbeitsunfähig.

Das transaktionale Stressmodell

Bei dem transaktionalen Stressmodell wird der Stress als eine Reaktion oder Interaktion eines Lebewesens auf die Bedingungen in seiner Umgebung betrachtet. In diesem Modell werden auch verschiedene psychosoziale Faktoren berücksichtigt, da die Herkunft, Erziehung und die menschlichen Kontakte die Entstehung von Stress beeinflussen können.

Das von Richard Lazarus, einem Psychologen, entwickelte Stressmodell berücksichtigt bei der Entstehung von Stress also objektive und subjektive Reize gleichermaßen.

Die Bewertung einer stressigen Situation erfolgt in drei Phasen: primäre Bewertung, sekundäre Bewertung und Neubewertung.

Bei der primären Bewertung kann der Stress als positiv, belastend oder irrelevant (unwichtig) eingestuft werden. Das Individuum betrachtet die Situation als Bedrohung, Schaden oder auch als Herausforderung.

Während der sekundären Bewertung wird geprüft, ob der Körper genügend Ressourcen zur Verfügung hat, um das stressige Problem zu bewältigen. Das Individuum entwickelt eine Bewältigungsstrategie. Das Coping, der Umgang mit der Bedrohung, kann als Aggression, Flucht, Verleugnung oder andere Verhaltensweisen erfolgen.

Durch immer wieder auftretende ähnliche Szenarien lernt ein Lebewesen, welche Methoden bei der Bewältigung von Stress effektiv sind und welche nicht. Die späteren Reaktionen erfolgen immer selektiver, also auf den gesammelten Erfahrungen beruhend.

Die sekundäre Bewertung läuft immer in drei Schritten ab:

1. Die Bewertung aller bereits von früheren Situationen her bekannten Coping-Strategien

2. Die Entscheidung für die Anwendung einer ausgewählten Strategie

3. Die Bewertung der Folgen, die aus der angewendeten Strategie heraus entstanden sind.

In der Phase der Neubewertung analysiert das Lebewesen die angewendete Strategie. Wie groß ist der Erfolg? Resultierte aus der Strategie ein Misserfolg? Was hätte besser gemacht werden können? Bei der Neubewertung werden immer auch Informationen aus der Umwelt oder von Personen des Umfeldes berücksichtigt. Das endgültige Ergebnis wird abgespeichert und steht in der Zukunft als Erfahrung für die Bewältigung einer neuen stressigen Situation zur Verfügung.

Alle Bewertungen können an den Problemen, den Gefühlen oder den Bewertungen aus der Umgebung orientiert erfolgen.

Aber wie entsteht Stress eigentlich?

Der Körper wird durch äußere oder innere Umgebungsreize alarmiert. Diese Reize werden auch als Stressoren bezeichnet. Damit der Körper nicht ständig in Alarmbereitschaft versetzt ist, lernt ein Lebewesen, Auslöser

von Stress im normalen Alltag zu erkennen, zu igno-
rieren und zu reduzieren. „Angriff oder Flucht" muss
nicht immer die lebenswichtige Entscheidung sein. Ein
Beispiel dafür: Der Vorgesetzte betritt den Raum. Ein
ungutes Gefühl kommt auf. Trotzdem bleiben Sie sitzen
und suchen Ihr Heil nicht in der Flucht. Sie greifen Ihren
Vorgesetzten auch nicht an. Sie haben gelernt, dass es
sinnvoll ist, ruhig sitzen zu bleiben und die Meinung des
Vorgesetzten anzuhören. Der Angriff oder die Flucht
ist hier für ein Überleben nicht effektiv und auch nicht
erforderlich. Der ursprüngliche Reiz wird von Ihrem
Gehirn nicht mehr als direkte Bedrohung eingestuft.
Sie haben genügend Ressourcen, um mit der Herausforderung fertig zu werden. Ihr Körper muss nicht mit
einer zusätzlichen Ausschüttung von Stresshormonen
und einer Aktivierung von Energiereserven reagieren.

Andere Umstände treten auf, wenn ein Reiz als bedroh-
lich eingestuft wird. Hier setzt sofort eine Stressreaktion
ein. Der sympathische Anteil des Nervensystems wird
aktiviert, die Produktion und Ausschüttung der Stresshormone beginnen. Damit dem Gehirn größere Mengen
an Blut und Sauerstoff zur Verfügung gestellt werden
können, beginnen sich die Atmung und der Herzschlag zu
beschleunigen. Ihre Muskeln spannen sich an, der ganze
Körper ist darauf vorbereitet, in einen Fluchtmodus zu
schalten. Um nicht unnötig Energie zu verbrauchen, wird
die Verdauungstätigkeit reduziert.

Ist die Gefahr beseitigt, schaltet der Körper wieder einen
Gang zurück. Er versucht, in das vorherige Gleichgewicht
zurückzukehren. Eine Regenerationsphase, in der sich
Ihr Körper von der Anstrengung erholen kann, folgt.

Hat ein Lebewesen immer wieder die Gelegenheit von
einem stressigen Zustand in einen Zustand des Gleichge-
wichts zurückzukehren, stellen die stressigen Momente

kein Problem dar. Diese Personen haben gelernt, dass es nichts bringt, sich über einen langen Zeitraum über eine bestimmte Sache aufzuregen. Sie reagieren gelassener.

Gelingt diese Balance nicht, reichern sich die Stresshormone in Ihrem Körper in großer Menge an. Es entsteht ein chronischer Stress, der nicht mehr von Regenerationsphasen durchbrochen ist. Der Zellstoffwechsel und das Immunsystem werden durch den chronischen Stress beeinträchtigt. Krankheiten treten auf. Schon nach kurzer Zeit sind die körperlichen und psychischen Probleme, die der Stress verursacht, für Ihre Umgebung deutlich zu erkennen.

Aber jetzt die gute Nachricht: Chronischer Stress muss nicht sein. Sie haben die Möglichkeit, durch ein gezieltes Verhaltenstraining der Stressfalle zu entkommen.

Mit diesem Buch haben Sie einen wichtigen Schritt getan. Sie haben erkannt, dass Sie sehr gestresst sind, und sind bereit, Methoden für einen besseren Umgang mit dem Stress zu entwickeln.

Hier finden Sie gleich einen wichtigen Grundsatz im Umgang mit Stress:

Das Wichtigste ist, ein Gleichgewicht zwischen Anspannung und Entspannung zu entwickeln. Denn auch für Stress gilt: „Die Dosis macht das Gift."

Welche Arten von Stress gibt es?

Schauen wir uns doch noch einmal genauer die verschiedenen Arten von Stress an. Welche Auswirkungen haben Eustress und Distress auf Ihr Leben?

Eustress, der positive Stress, hilft Ihnen zu lernen und ein erfolgreiches Leben zu führen. Vorausgesetzt, Ihre Work-Life-Balance ist ausgeglichen und der Eustress nimmt nicht überhand.

Der Distress, der negative Stress, kann negative Auswirkungen auf Ihr Leben haben. Sind Sie nicht in der Lage, den anhaltenden Stress abzubauen oder auszugleichen, werden Sie krank und landen in einem Burnout.

Eustress	Distress
Lernen	Prüfungsangst
Erfolg und Spaß an der Arbeit	Überlastung und Burnout
Gesundheit	Krankheit
Glück	Depression
Freunde und Familie	sozialer Rückzug

Tabelle zu Eustress und Distress

Betrachten wir den Eustress und den Distress doch noch einmal etwas genauer, denn Stress muss nicht immer negativ sein und Überforderung von Körper und Geist bedeuten.

Was bedeutet Eustress?

Die Vorsilbe „Eu" leitet sich aus der altgriechischen Sprache ab und bedeutet „alles, was gut tut". Deshalb ist der Eustress ein körperlicher oder geistiger, wohltuender Stress, der sich aufbaut, wenn eine Tätigkeit Spaß macht. Beispiele für Situationen, in denen Eustress entsteht, sind sportliche Erfolge, Feiern oder auch eine Situation der Verliebtheit.

Was löst Eustress im Körper aus?

Durch Eustress werden Sie konzentrierter und auch leistungsfähiger. Ihre ganze Aufmerksamkeit richtet sich auf die jeweilige Situation. In Ihrem Gehirn werden vermehrt Glückshormone erzeugt. Sie haben gute Laune und auch Ihr Selbstvertrauen steigt. Man könnte Eustress auch „das Salz des Lebens nennen".

Eustress hilft Ihnen also, immer am Puls der Zeit zu bleiben. Hält der Eustress allerdings ohne Unterbrechung an, kann es passieren, dass Sie sich schnell überfordert fühlen. Die stressigen Belastungen nehmen weiter zu und fühlen sich nicht mehr angenehm an. Ein Beispiel dafür ist ein Fest. Sie freuen sich auf das Zusammentreffen mit Ihren Freunden und bereiten alles vor. Doch die Vorbereitungen sind schwieriger, als Sie gedacht haben. Sie geraten in Zeitnot und nach einiger Zeit hat sich der Eustress in unangenehmen Stress, den sogenannten Distress, verwandelt. Wie sollen Sie bloß alles schaffen? Schnell sind Sie überfordert und empfinden keine Vorfreude mehr auf das Fest.

Sie können die Ihnen gestellten Aufgaben einfach nicht mehr bewältigen. Distress ist entstanden.

Distress macht krank

Die Vorsilbe „Dis" kommt aus der lateinischen Sprache. Sie steht für schlecht oder negativ. Distress ist also negativer Stress, der Ihnen schaden kann.

Ausgelöst wird der negative Stress durch körperlich oder geistig anstrengende Geschehnisse, denen Sie sich nicht gewachsen fühlen. Das können zum Beispiel der Verlust des Arbeitsplatzes, ein Todesfall in der Familie oder im Freundeskreis, Streitigkeiten, Überforderung auf der Arbeit oder Geldsorgen sein. Bei Distress entstehen viele negative Energien. Ihr Gehirn ist der Meinung, dass es den Anforderungen nicht mehr gewachsen ist. Ihr Körper beginnt, in hoher Anzahl Stresshormone zu bilden, obwohl keine lebensbedrohliche Situation vorliegt. Die starke Anspannung fängt an, Ihren Körper zu schädigen. Leistungsfähigkeit und Konzentration nehmen ab.

Können Sie sich nicht entspannen und den vorhandenen Stress abbauen, wird es richtig gefährlich. Es entsteht eine chronische Belastung durch den Stress.

Die chronische Stressbelastung

Da die Phasen, in denen sich Ihr Gehirn und Ihr Körper entspannen können, fehlen, ist Ihr Körper den gebildeten Stresshormonen über einen längeren Zeitraum ausgesetzt. Ihr Herz schlägt schneller, der Blutdruck ist erhöht. Sie fühlen sich, als ob Sie vor einer Gefahr fliehen. Die Stresshormone unterdrücken das Immunsystem. Der Körper kann sich nicht mehr so gut gegen Erkrankungen verteidigen. Sie sind häufiger für ein oder zwei Tage krank. Ihre Leistungsfähigkeit und Ihre Konzentration sind stark herabgesetzt. Ständig passieren auf der Arbeit und im Privatleben Fehler, die zu einer noch größeren Stressbelastung führen.

Wird Ihr Körper nicht schnell entlastet, bleibt ihm nur ein Ausweg: Er gibt auf und flüchtet sich in ein Burnout.

Probieren wir doch einmal gemeinsam etwas aus:

Setzen Sie sich auf das Sofa oder in einen bequemen Sessel und schließen Sie Ihre Augen. Stellen Sie sich eine schöne Landschaft vor. Die Sonne scheint und Sie liegen auf der Wiese und betrachten die Schäfchenwolken, die am Himmel vorüberziehen.

Wie fühlen Sie sich? Sicher sind Sie entspannt, Ihr Herz schlägt ruhig und Sie fühlen sich gut.

Jetzt eine andere Situation. Sie sind in der Arbeit. Ihr Schreibtisch ist voll mit sofort zu erledigenden Aufgaben. Sie wissen nicht, womit Sie zuerst beginnen sollen. Der Chef verlangt nach Ihnen. Ihre Kollegen reden ständig auf Sie ein und das Telefon läutet. Wie fühlen Sie sich jetzt? Gut? Sicher nicht. Ihre Atmung ist beschleunigt und der Puls ist durch den schnelleren Herzschlag erhöht. Sie fühlen sich völlig überfordert und gestresst.

Bevor wir weitermachen, sollten Sie in den ursprünglichen entspannten Zustand zurückkehren. Stellen Sie sich einen angenehmen und schönen Ort vor, an dem Sie sich in Sicherheit befinden. Atmen Sie ruhig und langsam. Merken Sie, wie Ihr Körper und Geist sich beruhigen?

Mit dieser Übung konnten Sie nicht nur den Unterschied zwischen Eustress und Distress spüren. Sie haben auch eine Methode ausprobiert, bei der Sie sich entspannen und den angesammelten Stress abbauen.

Gefährliche Stressherde

Bevor wir uns weiter damit beschäftigen können, welche Strategien am besten zur Reduktion von Stress angewendet werden können, sollten wir die einzelnen Stressherde noch etwas genauer betrachten.

Stress in der Schule

Stress ist ein Phänomen, unter dem nicht nur Erwachsene leiden. Der Stress beginnt schon früh in der Schule. Nicht jedes Kind ist in der Lage, dem Lerntempo der Klasse zu folgen. Angst vor Prüfungen, Schularbeiten oder dem Versagen in der Schule sind an der Tagesordnung. Da Kinder noch empfindlicher reagieren als Erwachsene, treten schnell Übelkeit, Magen-Darmprobleme und Kopfschmerzen auf. Die Lust am Schulbesuch verschwindet schnell. Nicht immer ist Nachhilfe die Lösung des Problems. Schon die Kinder müssen gezielt lernen, mit dem Stress umzugehen. Entspannende Pausen in der Schule sind ebenso wichtig wie die Freizeit zu Hause. Steht eine Nachprüfung an, bringt es nichts, die ganzen Ferien zu lernen. Auch Erholung muss sein. Wie überall ist auch hier das Gleichgewicht das Wichtigste.

Heute ist es für Kinder und Jugendliche schwieriger, sich von anderen Kindern abzugrenzen. Durch die verschiedenen Social Media-Kanäle verbreiten sich Gerüchte, Beleidigungen und Bedrohungen schnell. Die ständig für alle zugänglichen Internet-Medien sind rund um die Uhr gegenwärtig. Die Wahrung einer Privatsphäre ist fast nicht mehr möglich. Auch dem Cyber-Mobbing durch Klassenkollegen oder andere Kinder können die Betroffenen nur schwer entkommen.

Die ständige psychische Belastung führt schon nach kurzer Zeit zu gesundheitlichen Beeinträchtigungen. Die Kinder leiden unter Kopfschmerzen und Bauchschmerzen – und das nicht nur, wenn eine wichtige Prüfung ansteht. Einige Kinder verweigern sogar den Besuch der Schule oder des Kindergartens.

Schreiten bei diesen Stressoren die Eltern und Lehrer nicht rechtzeitig ein, verliert das Kind schnell sein Selbstbewusstsein. Es fühlt sich ungeliebt, überfordert und wertlos. Ja, auch Kinder können schon an einem Burnout leiden. Meistens ziehen sich die von Schulstress betroffenen Kinder zurück und schließen die Umwelt aus dem Kinderzimmer aus. Mit der Zeit entsteht das Gefühl, nichts auf dieser Welt zu suchen zu haben. Die betroffenen Kinder sind akut selbstmordgefährdet.

Ist Ihr Kind von einem solchen Schulstress oder von psychischem Stress durch Cyber-Mobbing betroffen, sollten Sie professionelle Hilfe in Anspruch nehmen. Gemeinsam mit Ihrem Kind lernen Sie kindgerechte Entspannungstechniken und können Ihrem Nachwuchs helfen, wieder ein Selbstwertgefühl zu entwickeln.

Hat Ihr Kind immer wieder Angst vor Prüfungen oder Schularbeiten, besteht die Möglichkeit, Traumreisen zur Entspannung zu unternehmen.

Leistungsdruck auf der Arbeit

Später wird der Druck nicht weniger. Wer nicht schon während der Kinder- und Jugendzeit gelernt hat, eine gewisse Resilienz gegen Stress zu entwickeln, wird sich später schwer tun. Alle erwarten Höchstleistungen. Das Wort Nein will nicht gehört werden. Für die eigenen Bedürfnisse bleibt keine Zeit mehr. Immer mehr und immer schneller Leistungen erbringen, ist heute in. Werden schon die Kinder mit Fremdsprachen, Musikunterricht und anderen vorgegebenen Aufgaben überlastet, wird es als Erwachsener noch ungemütlicher. Fortbildungen stehen an, ein Abgabetermin jagt den nächsten. Zeit für die persönlichen Bedürfnisse bleibt da nicht mehr. Denn die Karriere muss ja an erster Stelle stehen, damit Sie von Ihrem Umfeld Anerkennung erhalten.

Kennen Sie diese typischen Arbeitstage? Sie kommen in das Büro und bevor Sie noch Ihre Tasche abstellen können, haben der Chef und Ihre Kollegen Anliegen, die sofort erledigt werden müssen. Sofort schnappt die Stressfalle zu. Oder sollten Sie nicht doch erst einmal durchatmen und die Dinge nach Dringlichkeit und Wichtigkeit ordnen und sich dann in Ruhe an die Arbeit machen?

Arbeitsstress entsteht aber nicht nur durch Leistungsdruck. Ständige Streitigkeiten und Diskussionen mit Kollegen kosten viel Zeit und Kraft. Wenn es Ihnen schon unangenehm ist, den Arbeitsplatz zu betreten, sollten Sie dieses Problem unbedingt einmal ansprechen. Wahrscheinlich ist Ihr Kollege, der immer Streit verursacht, ebenso überlastet und kann auch nicht mit dem Stress umgehen. Sie sind dann sein Ventil für den angestauten Ärger und Stress. Überlegen Sie doch einmal gemeinsam, wie Sie den Leistungsdruck, den Stress und das schlechte Arbeitsklima verhindern können. Vielleicht tun sich ja überraschende Lösungen auf.

Auf alle Fälle sollten Sie mit verschiedenen Entspannungstechniken arbeiten, um den Stresslevel in Ihrem Körper nicht zu hoch ansteigen zu lassen. Denn Sie müssen vor allem einmal auf sich selbst und Ihre Psychohygiene achten. Erst dann kommen die anderen.

Die einzige Möglichkeit, der Stressfalle auf der Arbeit zu entgehen, ist, auf das innere Selbst zu hören und der Achtsamkeit im Leben genügend Raum zu geben. Machen Sie immer wieder Pausen, in denen Sie Entspannungsübungen durchführen. Atmen Sie bewusst langsam aus und ein. Versetzen Sie sich an einen angenehmen Ort. Auch wenn diese Pausen nur eine Minute dauern, können Sie nachher wieder konzentriert und entspannt arbeiten. Im Endeffekt werden Sie die Arbeit sogar noch schneller erledigen als in gestresstem Zustand.

Probleme in der Familie

Streitigkeiten in der Familie können sehr belastend und eine Quelle für Stress sein. Für ein gemütliches und liebevolles Miteinander bleibt da kein Raum mehr. Aber muss wirklich alles über einen Streit ausdiskutiert werden? Rituale können helfen, bestimmte Dinge zur Sprache zu bringen, bevor sich die Wut darüber zu stark angesammelt hat und sich in einem Streit entlädt. Familienleben bedeutet immer auch, Kompromisse zu schließen. Werden größere Probleme immer sofort angesprochen, müssen nicht Kleinigkeiten als Vorwand für einen stressigen Streit herhalten.

Besonders gefährlich sind Probleme, die schnell zu einem bestimmten Ablauf führen. Oft sind es Kleinigkeiten, hinter denen sich die größeren Dinge wirkungsvoll verbergen.

Eine Schwangerschaft ist meistens ein Grund zur Freude. Doch wenn das Baby geboren ist, ist an einen regelmäßigen Schlaf nicht mehr zu denken. Trotz der durchwachten Nächte muss der Arbeitsalltag bewältigt werden. Die Mutter muss das Baby während des Tages allein versorgen. In dieser Situation können Frustrationen auftreten, die zu Streitigkeiten und Stress führen.

Auch Unstimmigkeiten bei der Erziehung des Kindes können ein Grund für Streit sein. Eine weitere Belastung stellt die Pubertät dar. Der Jugendliche muss seine Persönlichkeit entwickeln und seine Grenzen austesten. Die Belastungen führen zu Stress, der einige Jahre andauern kann. Ist ein Ausgleich nicht möglich, kann auch der Familienstress in einem Burnout enden.

Existenznöte

Geldsorgen sind sicher schlimm und sehr unangenehm – vor allem wenn keine Möglichkeit besteht, die Einkommenssituation zu verändern. Schnell tritt ein Zustand des dauernden Stresses ein, wenn am Ende des Monats kein Geld für Lebensmittel mehr zur Verfügung steht.

Aber brauchen wir wirklich den ganzen Besitz? Natürlich müssen die grundlegenden Bedürfnisse wie Wohnen, Essen, Wärme und Sicherheit befriedigt werden. Aber müssen wir immer nach der neuesten Mode gekleidet sein oder mit dem neuesten Handymodell telefonieren? Ist es wichtig, dass vor der Türe ein großer SUV steht, der in der Stadt nur die Umwelt belastet?

Denken Sie doch einmal nach, was Sie wirklich glücklich macht. Eigentlich sind das nicht die materiellen Dinge, sondern Liebe und Freundschaft.

Auch ein Verlust des Arbeitsplatzes kann Sie in finanzielle Nöte stürzen.

Das Geld vom Arbeitsamt reicht nicht aus. Sind noch Kredite für ein Haus zu bezahlen, wird es noch schwieriger. Die ständigen Sorgen rauben Ihnen den Schlaf und sorgen für ständigen Stress.

Eine schwere Krankheit oder ein Unfall, der mit einer Arbeitsunfähigkeit verbunden ist, verursachen ebenfalls Stress. Zusätzlich zu der Kraft, die Sie für Ihre Genesung benötigen, müssen Sie mit zahlreichen Existenzängsten fertig werden.

Hier hilft nur, die Zukunft mit Gelassenheit auf sich zukommen zu lassen. Überlegen Sie sich die verschiedenen Szenarien. Denken Sie nicht immer an das Schlimmste. Es geht sicher weiter und ein neues Glück wartet auf Sie. Wichtig ist, dass Sie die Pause für sich selbst nutzen und die Krankheit als Chance begreifen. Wenn Sie durch Gelassenheit den Stress nicht aufkommen lassen, öffnen sich sicher neue Chancen, mit denen Sie vorher gar nicht gerechnet haben.

Emotionaler Stress

Emotionaler Stress stellt für den Körper eine besonders große Belastung dar. Er wird durch die verschiedensten Gefühle wie Angst, Ärger, Hilflosigkeit oder auch Freude ausgelöst. Zu emotionalem Stress zählt natürlich auch die Angst zu versagen.

Von dem emotionalen Stress muss der mentale Stress teilweise abgegrenzt werden. Während bei dem emotionalen Stress die Gefühle im Vordergrund stehen, sind bei dem mentalen Stress die Denkprozesse wichtiger. Diese können mit und ohne Beteiligung von Gefühlen ablaufen. Der Übergang ist also fließend.

Emotionaler Stress und emotionale Überforderung wirken sich auf den Körper eines Lebewesens ebenso aus wie körperlicher Stress. Durch die andauernde Angst und Anspannung entsteht ein Gefühl der Hilflosigkeit und des Ausgeliefertseins. Es treten Schlafstörungen auf. Da der emotionale Stress auch das Immunsystem beeinflusst, steigt die Anfälligkeit für Erkrankungen.

Auslöser für emotionalen Stress sind zum Beispiel Eifersucht, unerfüllte Liebe, Angst um Freunde oder Familienmitglieder oder auch Sorgen um sich selbst.

Dabei wirkt sich der emotionale Stress immer auch sehr stark auf die Personen in Ihrer Umgebung aus. Durch Ihre Gereiztheit und Nervosität sorgen Sie für schlechte Stimmung. Andere spüren Ihre innere Angespanntheit, sind aber nicht in der Lage zu helfen. Schnell werden andere Menschen zum Blitzableiter für Ihren emotionalen Stress.

Bei emotionalem Stress ist es besonders wichtig, dass Sie sich genau auf Ihre Gefühle konzentrieren. Was steht für Sie im Vordergrund? Ärger, Wut, Angst oder andere unangenehme Gefühle? Wenden Sie doch einmal die Strichmännchen-Technik an, um sich über Ihre verschiedenen Gefühle während des Tages klar zu werden. Wie genau diese Technik funktioniert, können Sie in einem der folgenden Kapitel des Buches nachlesen.

Stress durch Medien

Ein zu hoher Konsum verschiedener Medien bedeutet nicht automatisch Entspannung. Im Gegenteil. Fernsehen und Internet vermitteln ein falsches Bild durch die Verherrlichung des Perfektionismus. Prominente Persönlichkeiten sind immer makellos, schlank und schön. Entspricht das natürliche Bild dem Wunschbild nicht, kommt das Photoshop zur Anwendung. Was aber bewirken die schönen Bilder? Wird jemandem immer wieder vorgegaukelt, wie perfekt andere Personen sind, entwickelt er Komplexe. Er ist mit seinem Körper nicht mehr

zufrieden und möchte auch so ein perfektes Erschei-
nungsbild wie andere erreichen. Das ist aber unmöglich.
Aus der Frustration über das angebliche eigene Versagen
entwickeln sich Essstörungen und Depressionen. Das
Selbstwertgefühl verschwindet immer mehr. Es erfolgt
ein sozialer Rückzug. Im schlimmsten Fall können die
Depressionen sogar in einem Selbstmord enden.

Die Zufriedenheit mit dem eigenen Körper oder der Leistung, die erbracht wurde, verschwindet. Man fühlt sich
als Versager und steht unter einem dauernden Stress.

Viele Jugendliche leiden unter Unsicherheiten. Sie sind
mit ihrem Körper und ihrem Aussehen nicht zufrieden.
Vor dem Spiegel werden oft Mängel entdeckt, die gar
nicht vorhanden sind – nicht gerade förderlich für das
Selbstbewusstsein. Fernsehsendungen und Shows vermitteln perfekt aussehende Menschen, die keine Sorgen
haben. Wer kann da schon mithalten? Die hohen und
unerfüllbaren Anforderungen setzen die Zuschauer und
Fans unter Stress. Das mangelnde Selbstbewusstsein
und die psychischen Belastungen enden in einem Burnout. Häufig sind auch Essstörungen wie eine tödlich
verlaufende Magersucht die Folge.

Externer und interner Druck

Druck erzeugt immer Stress. Wer alle Erwartungen seiner
Umgebung erfüllen will, muss zwangsläufig scheitern.
Man kann es nie allen recht machen.

Besser ist es, sich auf die eigenen Stärken zu konzentrieren und sich nicht von den Erwartungen der anderen
leiten zu lassen.

Externer Druck wird auch durch Internet-Medien ausgeübt. Schnell werden von einer anonymen Quelle Gerüchte
oder peinliche Fotos veröffentlicht und verbreitet. Die
Kränkung darüber verursacht emotionalen Stress und
eine starke Verunsicherung der betroffenen Personen.

Aber der Druck muss nicht immer von außen kommen.
Innerer Druck ist ein genauso schlimmer Stressfaktor.
Denken Sie nur an das Beispiel von dem Fisch am Anfang
des Buches. Er wird es nie schaffen zu fliegen. Auch
wenn er es von sich erwartet. Er muss scheitern. Stellen
Sie nicht zu hohe Anforderungen an sich selber. Erledigen
Sie die Aufgaben, die Ihnen gestellt werden, schritt-
weise, ohne sich unter Druck zu setzen. Sie werden
erstaunt sein, wie konzentriert und fehlerfrei Sie arbeiten
können. Schnell ist alles erledigt. Und das nur, weil Sie
nicht einen unüberwindbaren Berg vor sich aufgetürmt
haben, sondern den Weg in Etappen absolviert haben.

Halten Sie sich bei äußerem oder innerem Druck immer
vor Augen, welche Dinge für Sie wirklich wichtig sind.
Achten Sie darauf, nicht den Fokus zu verlieren.

Das Wichtigste in Ihrem Leben sind Sie selbst und Ihr
Wohlbefinden. Aber den ersten Schritt zu dieser Ein-
stellung haben Sie ja schon mit dem Kauf dieses Buchs
getan. Sie sind auf dem besten Weg zu mehr Gelassenheit und weniger Stress. Die Achtsamkeit für sich selbst
und die Gelassenheit werden einen immer größeren
Raum in Ihrem Leben einnehmen.

Endstation Burnout

Was ist das Endergebnis von andauerndem Stress? Der Zustand wird in Ihrem Körper manifest, das bedeutet, Ihr Körper und Ihr Gehirn werden die ganze Zeit von den Stresshormonen dominiert. Der Körper beginnt, sich zu wehren. Die Produktion der Hormone gerät aus dem Gleichgewicht. Die ständigen Verkrampfungen der Muskeln verursachen Bewegungsstörungen, Verspannungen und Kopfschmerzen. Durch die fehlerhafte Verdauung werden zu wenig Nährstoffe aufgenommen. Mangelzustände und verstärkte Müdigkeit treten auf. Die Konzentration und die Leistungsfähigkeit nehmen stark ab. Was andere einfach erledigen, scheint Ihnen eine unüberwindliche Aufgabe zu sein.

Auch die Psyche leidet. Dem Gehirn steht nicht mehr genügend Energie für alltägliche Prozesse zur Verfügung, da ja die gesamte Energie für den Alarmzustand aufgebraucht wurde. Alles wird zur Schwerarbeit. Tägliche Verrichtungen wie Körperhygiene, Essen, Sprechen mit der Familie oder Zuhören werden zu einem nicht zu bewältigenden Hindernis. Sie sind in der Endstation Burnout gelandet. Durch die psychosomatischen Reaktionen des Gehirns nimmt auch Ihre geistige Leistungsfähigkeit ab. Sie können sich nicht mehr konzentrieren und vergessen viele Dinge.

Der Stress wirkt sich sogar auf Ihre Körperzellen aus. Die Zellen erhalten nicht mehr genügend Energie, um alle Aufgaben zu erfüllen. Aufgrund des Sauerstoffmangels können die bei dem Stoffwechsel entstandenen Schadstoffe nicht mehr aus der Zelle abtransportiert werden. Schädliche freie Radikale sammeln sich im Inneren der Zellen an und verursachen Entzündungen. Die Zellen altern im Rekordtempo und sterben schnell. Jetzt haben Sie körperlich und geistig den Zustand eines Burnouts erreicht.

Bei einem Burnout sind Sie körperlich, geistig und seelisch vollständig ausgebrannt. Sie haben keine Möglichkeit mehr, Energiereserven zu mobilisieren, da alle Energiespeicher geleert und erschöpft sind. Nehmen Sie die Warnsignale, die Ihr Körper aussendet, nicht ernst, geht die Spirale immer tiefer nach unten. Und das Loch ist unendlich tief. Ihr Körper und Ihr Gehirn haben aufgegeben. Hilfe von innen ist nicht mehr möglich. Jede Zelle hat aufgegeben und versucht nur mehr, den Ansturm der Stresshormone möglichst lange zu ertragen.

Ein Burnout ist natürlich kein Zustand, der plötzlich auftritt. Es laufen zwölf verschiedene Stadien hintereinander ab, die teilweise fließend ineinander übergehen.

Stadien eines Burnouts

1. Stadium: Sie wollen sich den anderen gegenüber beweisen. Das Engagement artet in übersteigerten Ehrgeiz aus. Die Motivation für die Erledigung der Aufgaben sinkt.

2. Stadium: Sie setzen sich noch mehr ein und achten nicht auf die Warnzeichen, die Ihnen der Körper sendet.

3. Stadium: Sie vernachlässigen Ihre individuellen Bedürfnisse noch mehr. Für Entspannung oder ein Achten auf sich selbst ist einfach keine Zeit. Sie haben ja so viele Dinge zu erledigen.

4. Stadium: Um zu funktionieren, werden Bedürfnisse und Konflikte verdrängt. Sie kommen häufig zu spät und verwechseln oder vergessen Dinge.

5. Stadium: Sie stumpfen sich selbst gegenüber ab. Das Ausüben von Hobbys macht Ihnen keinen Spaß mehr.

6. Stadium: Probleme werden einfach ignoriert. Dazu gehören auch körperliche Beschwerden. Schließlich ist ja keine Zeit, um krank zu sein.

7. Stadium: Sie ziehen sich von Freunden und der Familie zurück. Bei einigen Personen steigt die Bedeutung von Alkohol, Nikotin oder anderen Drogen als Ersatz für soziale Kontakte.

8. Stadium: Ihr Verhalten verändert sich immer mehr. Freunde beginnen, sich zu distanzieren.

9. Stadium: Sie verlieren das Gefühl für sich selbst. Nicht Sie sind der Organisator Ihres Lebens, sondern Sie werden von unbekannten Mächten gesteuert.

10. Stadium: Sie sind innerlich leer und ausgebrannt. Sie spüren keine Freude mehr. Die am häufigsten empfundenen Gefühle sind Angst, Mutlosigkeit und Panik. Das Verlieren in Ersatzbefriedigungen wird immer stärker.

11. Stadium: Eine Depression ist aufgetreten. Sie fühlen sich verzweifelt, wertlos und denken über Selbstmord nach.

12. Stadium: Sie befinden sich in einem vollständigen Burnout. Sie sind körperlich und geistig zusammengebrochen und können auch die einfachsten Dinge nicht mehr bewältigen. Selbst die Aufnahme von Nahrung fällt Ihnen schwer. Alle grundlegenden Bedürfnisse werden missachtet.

In welchem Stadium befinden Sie sich? Wie viele Anzeichen haben Sie schon bei sich selbst bemerkt?

Was sind die ersten Warnzeichen für ein Burnout?

- Sie benötigen mehr Zeit für die zu erledigende Arbeit und müssen öfter Überstunden machen.
- Sie fühlen sich erschöpft und machen Fehler.
- Sie sind häufiger krank.
- Sie reagieren schon auf Kleinigkeiten ungeduldig und gereizt.
- Sie leiden unter Kopfschmerzen, Schwindel und Schweißausbrüchen.
- Sie sind häufiger krank und nicht mehr so leistungsfähig wie früher.

Spätestens jetzt ist es wichtig, dass Sie einen Arzt aufsuchen. Körperliche und psychische Beschwerden müssen ernst genommen werden, bevor sie sich manifestieren und über einen langen Zeitraum behandelt werden müssen.

Wenn Sie sich noch in dem Anfangsstadium eines Burnouts befinden, haben Sie die Möglichkeit, Ihr Leben grundlegend zu verändern. Mit diesem Buch haben Sie den ersten Schritt dazu getan. Das Wichtigste: Sie haben erkannt, dass Sie gestresst sind, und Sie wollen etwas gegen den Stress unternehmen und Gelassenheit lernen.

Wie erkennen Sie, dass eine Person in Ihrer Umgebung an einem beginnenden Burnout leidet?

- Die Person ist ungeduldig.
- Die Person reagiert gereizt.
- Die Person ist ständig müde und hat Kopfschmerzen.
- Arbeit bleibt unerledigt liegen.

- Es werden vermehrt Fehler gemacht.
- Trotz der Überstunden können die einfachsten Aufgaben nicht mehr bewältigt werden.
- Die Person nimmt nicht mehr an gemeinsamen Veranstaltungen teil.
- Die Person beteiligt sich nicht an Gesprächen.
- Die Person isoliert sich immer stärker.

Stress muss nicht unbedingt seinen Ursprung bei Ihnen haben. Vielleicht besitzen Sie eine gute Resilienz und sind bisher mit den Anforderungen, die an Sie gestellt werden, gut fertig geworden. Plötzlich fällt Ihnen auf, dass ein Kollege seine Arbeit nicht mehr bewältigen kann, oder dass es bei Belastungen immer häufiger zu einem Streit innerhalb der Familie kommt. Der Stress der anderen Personen wird auf Dauer nicht spurlos an Ihnen vorübergehen. Mit der Zeit beginnen die Gedanken und Reaktionen der anderen, auch Ihr Leben zu beeinflussen. Und unbemerkt hat sich der Stress auch in Ihren Körper eingeschlichen. Achten Sie daher immer auch auf die Warnzeichen eines Burnouts bei anderen Kollegen und versuchen Sie, diese anzusprechen. Lesen Sie dieses Buch nicht nur selbst, sondern verschenken Sie es auch an gestresste Menschen in Ihrer Umgebung. Damit können Sie vielleicht so manches Burnout verhindern.

Wie können Sie bei Verdacht ein Burnout abklären?

Besteht bereits ein Burnout, kann nur mehr ein Arzt helfen. Eine medikamentöse Therapie wird in Verbindung mit einer Verhaltenstherapie durchgeführt. In die Diagnose und Behandlung sollte immer auch das private und das berufliche Umfeld integriert werden.

Natürlich können Sie trotzdem dieses Buch als Unterstützung verwenden, um der Stressfalle schneller zu entkommen und mehr Gelassenheit in Ihr Leben zu integrieren. Besser ist es jedoch, schon zu reagieren, bevor der Stress so manifest geworden ist, dass Sie unter einem Burnout leiden.

Denken Sie immer daran: Ein Burnout muss nicht sein. Sie können das Ausbrennen verhindern, indem Sie der Achtsamkeit in Ihrem Leben den ihr zustehenden Platz geben. Mit diesem Buch haben Sie den ersten Schritt dazu bereits getan. Sie versuchen, den richtigen Ausgleich für Ihr durch den Stress belastetes Leben zu finden.

Ängste

Ängste sind ein wichtiger Stressfaktor, der Ihnen das Führen eines glücklichen und entspannten Lebens fast unmöglich machen kann. Aber worum handelt es sich bei diesen Ängsten. Müssen Sie Ihr Leben beherrschen, oder gibt es auch hier Möglichkeiten, mit den unangenehmen Emotionen aufzuräumen? Denn jeder Mensch leidet unter Ängsten. Manchmal sind die Ängste begründet und manchmal unbegründet. Beginnen die Ängste, immer stärker zu werden, und beherrschen diese das Leben der Menschen, liegt eine Angststörung vor.

Die unbewusste Angst

Die unbewusste Angst nimmt in unserem Leben eine Schutzfunktion ein. Die vererbte Wahrnehmung hilft Ihnen, Schmerzen und Verletzungen zu vermeiden. Bei Tieren ist diese Reaktion als Sichern, das auch bei dem Nichtvorhandensein einer Gefahr ausgeübt wird, deutlicher zu sehen als beim Menschen. Ständig heben die Tiere den Kopf, schauen sich um und versuchen, den Duft des Jägers durch die Nase wahrzunehmen.

Die unbewusste Angst tritt plötzlich auf. Dabei kann sich die Stärke der Wahrnehmung ständig verändern. Man spricht auch von einer flotierenden Angst. Das diffuse Gefühl der Angst löst allerdings keine körperliche Reaktion aus, da das Gehirn entscheidet: Es ist keine konkrete Gefahr vorhanden.

Sicher haben Sie auch schon einmal die unbewusste Angst wahrgenommen. Als Kind sehen wir vor dem Einschlafen Schatten in den Ecken oder fürchten uns vor dem Monster unter dem Bett.

Auch als Erwachsener fühlen wir immer wieder eine unbewusste Angst. Steht da nicht jemand hinter uns? Wenn wir uns umsehen, ist niemand in der Nähe. Einige Menschen haben auch das Gefühl, beobachtet zu werden.

Die unbewusste Angst löst in Ihrem Körper eine Stressreaktion aus. Ihre Herzfrequenz und Ihr Blutdruck steigen an, die Atmung ist beschleunigt. Normalerweise beruhigen Sie sich schnell wieder, wenn keine sichtbare Gefahr vorhanden ist.

Um die Entspannung zu beschleunigen und den Stress abzubauen, können Sie Atemübungen ausführen. Die dafür notwendige Technik finden Sie in dem Kapitel: Methoden zur Entspannung.

Nimmt die unbewusste Angst immer mehr zu und ist in jeder Situation fühlbar, liegt eine Angststörung vor. Hier sollte auf jeden Fall professionelle ärztliche Hilfe in Anspruch genommen werden.

Die bewusste Angst

Bei der bewussten Angst handelt es sich um ein Gefühl, das während einer Bedrohung auftritt. Die Ursache der bewussten Angst ist real und greifbar. Hat sich das Gehirn dafür entschieden, dass eine Gefahr für das Leben besteht, wird sofort die Abwehrreaktion in Gang gesetzt. Ihr Körper produziert eine große Anzahl an Stresshormonen wie Adrenalin. Nicht lebenswichtige Funktionen werden heruntergefahren. Sie entscheiden sich für den Angriff oder die Flucht.

In einigen Situationen kann die bewusste Angst mit unbewussten Reaktionen in Verbindung stehen. Sie haben gelernt, dass Flammen oder heiße Herdplatten die Haut verbrennen und Schmerz entsteht. Man könnte diese Erkenntnis auch Furcht vor der Nähe einer Flamme nennen. Greifen Sie ohne Absicht auf eine heiße Platte, zuckt Ihre Hand automatisch zurück. Der unbewusste Abwehrreflex wurde von Ihrem Gehirn in Gang gesetzt, um Ihren Körper vor weiterem Schaden zu bewahren.

Die bewusste Angst ist ebenfalls ein Stressor, der Ihren Körper belastet und gleichzeitig aber auch schützt. Nach einer Angstsituation sollten Sie immer darauf achten, sich zu entspannen und wieder in einen Zustand der Gelassenheit zurückzukehren.

Bei Menschen, die unter einer Angststörung leiden, ist diese Phase der Entspannung nicht mehr möglich. Sie stehen ständig unter Stress und können sich auch nicht entspannen, wenn die Gefahr bereits verschwunden ist. Durch die Anspannung entsteht chronischer Stress, der sich auf die Gesundheit negativ auswirkt. In diesem Fall sollte unbedingt professionelle ärztliche Hilfe in Anspruch genommen werden.

Was ist eigentlich Angst und wie entsteht sie?

Angst ist ein Gefühl, das bei einer Bedrohung durch eine bestimmte oder unbestimmte Gefahr entsteht. Abhängig von der Ursache spricht man von einer zielgerichteten oder einer nicht objektbestimmten Angst.

Ein sehr starkes Gefühl von Angst wird auch als Panik bezeichnet.

Welche Arten von Angst gibt es?

Angst tritt in vielen verschiedenen Situationen auf. Ohne Angst hätten die Menschen nicht überleben und eine Zivilisation aufbauen können. Noch heute sind in uns die Urängste der früheren Menschen wie die Angst vor Dunkelheit oder vor Geräuschen in einem dichten Wald vorhanden. Da wir aber in der Regel nicht mehr von wilden Bestien bedroht werden, haben sich im Laufe der Zeit viele neue Ängste entwickelt. Welche Ängste auftreten, hängt vor allem von der Umgebung, in der wir leben, ab. Unsere Vorfahren, die in Höhlen gelebt haben, fürchteten sich vor wilden Tieren, Unwettern oder Feuer. Mit der Gründung der ersten Siedlungen kam auch die Angst vor der schnellen Verbreitung von Krankheiten dazu. Heute sind noch zahlreiche weitere Bedrohungen vorhanden: die Gefahr durch das Internet, den Klimawandel oder mangelnden Datenschutz.

Beispiele für Ängste:

- Angst im Beruf
- Angst vor plötzlichen Geräuschen
- Angst vor Menschenansammlungen
- Höhenangst
- Angst vor zu weiten oder engen Räumen
- Prüfungsangst
- Angst vor öffentlichen Auftritten
- Angst vor Krankheiten
- Angst vor Nadeln
- Angst vor Tieren
- Angst vor der Dunkelheit

- Angst vor Geistern
- Angst vor Nähe und Bindungen
- Angst vor dem Zahnarzt
- Angst vor Schmerzen
- Homophobie
- Existenzangst
- Angst zu versagen

Angst im Beruf

Angst im Beruf hat viele Gesichter. Sie kann als Überforderung, also die Angst, Aufgaben nicht bewältigen zu
können, auftreten. Aber die Angst kann sich auch gegen
den Vorgesetzten oder Kollegen richten. Manchmal ist
es auch nur die Angst, Fehler zu machen oder zu versagen. Besteht die Angst im Beruf schon über einen
längeren Zeitraum, treten vor dem Arbeitsantritt körperliche Symptome auf. Sie fühlen sich krank und leiden an
Kopfschmerzen und Verdauungsstörungen. Schon der
Gedanke an einen Arbeitsantritt löst Panikattacken aus.

Angst vor plötzlichen Geräuschen

Natürlich erschrickt jeder, wenn es direkt in der Nähe
knallt oder ein anderes lautes Geräusch auftritt. Tritt das
Angstgefühl aber auch bei völlig normalen Geräuschen
auf und hält über einen langen Zeitraum an, liegt eine
Angststörung vor.

Angst vor Menschenansammlungen

Hier handelt es sich eigentlich um eine unbewusste
Angst. Der Auslöser, die Ansammlung von mehreren
Menschen, ist zwar real, aber nicht das Gefühl der

Bedrohung. Meistens wird die Angst vor Menschenansammlungen durch schlechte Erfahrungen in der Kindheit verursacht.

Höhenangst

Einige Menschen sind schwindelfrei, andere empfinden schon Höhenangst, wenn sie auf der untersten Sprosse einer Leiter stehen. Höhenangst ist teilweise angeboren, teilweise wird sie durch Erkrankungen oder schlechte Erfahrungen im Laufe des Lebens erworben.

Die Höhenangst hängt eng mit unserem Gleichgewichtsorgan im Ohr zusammen. Bei Erkrankungen des Mittelohrs oder des Innenohrs ist auch das Gleichgewichtsorgan, die Schnecke, betroffen. Es werden falsche Signale an das Gehirn gesendet, das mit einem Schwindelgefühl reagiert. Die Betroffenen verspüren ein Gefühl der Übelkeit, der Raum dreht sich um sie herum und der Boden kann nicht mehr wahrgenommen werden. Um dieses unangenehme Gefühl zu vermeiden, reagieren Sie mit Höhenangst. Ihr Gehirn signalisiert Ihnen schon vor dem entsprechenden Ereignis, dass die Höhe eine Gefahr darstellt. Sie könnten stürzen und sich verletzen.

Wenn Sie einen Anflug von Höhenangst spüren, versuchen Sie, diesem mit Atemübungen und Mantra-Sätzen zu begegnen. Dann können Sie sich aus dem Kreislauf befreien, bevor ein starkes Schwindelgefühl auftritt.

Angst vor Tieren

Die Basis für die Angst vor Tieren ist in unseren Genen verankert. Schon unsere Vorfahren mussten sich vor großen Tieren schützen, um nicht zu einer leichten Beute zu werden. Erst durch die gemeinsame Jagd und die Entwicklung von Waffen konnten die Menschen sich besser gegen Tiere verteidigen und diese sogar zur Beute machen. Doch die Angst vor den Tieren ist in Form von Genen an die Nachkommen weitergegeben worden. Kommen dann noch schlechte Erfahrungen mit Hunden, die zugebissen haben, dazu, werden die Ängste auf alle Hunde übertragen.

Die Angst vor bestimmten Tieren wird uns aber auch bei der Erziehung durch unsere Eltern unbewusst vermittelt. Hat eine Mutter Angst vor Spinnen und zeigt diese auch deutlich vor dem Kind, wird das Kind durch den Lerneffekt später dieselbe Angst zeigen. Denn eine Sache, vor der sich sogar die Bezugsperson und Beschützerin fürchtet, muss wirklich gefährlich sein. Als Erwachsener ist Ihnen wahrscheinlich gar nicht mehr bewusst, wie Sie diese Angst entwickelt haben. Der Vorteil bei dieser Art von Angst ist, dass Sie diese nicht nur erlernen, sondern auch wieder verlernen können.

Angst vor weiten oder engen Räumen

Weite Landschaften wirken auf viele Personen gefährlich. Diese Angst stammt noch aus unserem früheren Leben, in dem wir uns nur in der Deckung des Waldes sicher vor Raubtieren fühlen konnten. In einem freien und weiten Gebiet ist man jeder Gefahr schutzlos ausgeliefert. Was liegt also näher, als Angst zu haben.

Das Gegenteil stellt die Angst vor engen Räumen, die Klaustrophobie, vor. Enge Räume bieten eigentlich Schutz. Gelangt die Gefahr aber in den Raum, ist es auch nicht möglich zu fliehen.

Treten diese Formen von Angst als Stressoren auf, können Sie Atemübungen ausführen oder sich durch langsames Rückwärtszählen wieder beruhigen.

Daneben treten auch seltenere Ängste, wie zum Beispiel die Angst vor Knöpfen, vor bestimmter Nahrung, Angst vor Clowns oder Angst von einer Ente angestarrt zu werden, auf.

Die übergroßen Ängste werden auch als Phobien bezeichnet. Sie sind für die betroffenen Menschen real und erschweren das normale Leben. Treten Phobien häufig auf, sollte die professionelle Hilfe eines Arztes in Anspruch genommen werden.

Was passiert, wenn das Gefühl der Angst aufkommt?

Die Angst ist für den Menschen eine reale Bedrohung, die abgewehrt werden muss. Der Körper befindet sich in Alarmbereitschaft. Sie spüren, dass etwas in Ihrer Umgebung nicht in Ordnung ist und eine Gefahr bedeuten könnte. Ihr Blutdruck steigt. Die Herzfrequenz und die Atmung sind beschleunigt. Alle Muskeln sind angespannt. Sie müssen jetzt eine Entscheidung treffen: Wollen Sie fliehen oder kämpfen

Und schon sind wir wieder beim Stress. Ihr ganzer Körper wird während des Gefühls der Angst mit Stresshormonen überschwemmt. Erst wenn Sie erkennen, dass keine reale Bedrohung vorhanden ist, können Sie sich wieder beruhigen und in einen Entspannungszustand übergehen.

Wie stark Sie auf die jeweiligen Ängste reagieren, hängt von zwei Dingen ab: Ihren Erfahrungen und Ihrer Persönlichkeit. Die Erfahrungen ergeben sich aus den Situationen, die Sie erlebt und überlebt haben. Ihre Persönlichkeit ist teilweise angeboren und teilweise durch die Erziehung durch die Eltern geformt. Bei der genetisch bedingten Angst liegt eine Fehlleistung der einzelnen Neuronen im Gehirn vor, die auch auf ungefährliche Situationen mit einer verstärkten Impulsausschüttung beginnen.

Eine krankhafte Angst wird auch als Angststörung bezeichnet. Dabei können Angststörungen in vielen verschiedenen Formen auftreten: Panikstörungen, Zwangsstörungen, Hypochondrie oder generalisierte Angststörungen. Krankhafte Angststörungen können nur mehr unterstützend mit Entspannungsübungen für mehr Gelassenheit behandelt werden. Häufig ist eine Medikation, die von einem Arzt verordnet und überwacht wird, notwendig.

Welche Reaktionen laufen bei Angst im Gehirn ab?

Durch die Angst werden zuerst die Amygdala (Zentrum der Emotionen) und anschließend weitere Gehirnregionen wie der Locus caeruleus, der Nucleus parabrachialis und das vegetative Nervensystem erregt. Die Stressachse, die vom Hypothalamus über die Hypophyse bis zur Nebenniere reicht, ist für die verstärkte Ausschüttung von Adrenalin verantwortlich.

Für die Entstehung der Angst sind drei Systeme verantwortlich:

• Das GABAerge System
• Das noradrenerge System
• Das serotonerge System

GABA ist ein Neurotransmitter, der im zentralen Nervensystem die Übermittlung von Nervenimpulsen hemmt. Bei generalisierten Ängsten ist die hemmende und damit beruhigende Wirkung von GABA stark verringert.

Im noradrenergen System werden die elektrischen Impulse der Neuronen durch den Botenstoff Noradrenalin vor der Weiterleitung verstärkt. Eine Panikattacke kann entstehen.

Das serotonerge System ist bei allen Formen der Angst beteiligt. Serotonin ist ein „Glückshormon". Besteht im Gehirn ein Mangel an Serotonin, treten Depressionen und verschiedene Angstzustände auf.

Wird Angst durch einen äußeren Reiz, einen Angst-Stimulus, ausgelöst, wird der Sympathikus erregt. Es tritt ein Vermeidungsverhalten ein. Das Signal löst automatisch eine körperliche Reaktion aus, durch die ein weiterer Schaden für das Lebewesen vermieden werden soll. Spontane Angstreaktionen treten vor allem im präfrontalen Kortex auf. Sie haben das sicher schon an sich selbst beobachtet. Nehmen Sie Schmerzen oder Ängste bei anderen Menschen in Ihrem Umfeld wahr, löst das automatisch auch bei Ihnen eine Reaktion im Gehirn aus. Die Neuronen reagieren auf die vermeintliche Gefahr, auch wenn sie diese real noch nicht wahrnehmen können. Die Schmerzschwelle sinkt, Schmerzen werden stärker empfunden. In diesen Fällen spricht man auch von einer empathischen Angstreaktion oder einer empathischen Schmerzreaktion.

Sind Ängste erlernt oder angeboren?

Die Disposition (Empfindlichkeit) für die Angst ist schon vor unserer Geburt im Gehirn festgelegt. Damit wir trotzdem lernen können, durchläuft jedes Kleinkind eine Entwicklungsphase, in der die Neugier stärker ist als die Angst. Dadurch sind wir in der Lage, neue Dinge in unserer Umgebung durch Anfassen oder in den Mund nehmen kennenzulernen und so die Umgebung im wahrsten Sinne zu begreifen. Aufbauend auf dieser Veranlagung entwickeln sich im Laufe des Lebens durch Lernprozesse verschiedene Ängste. Diese müssen aber nicht das ganze Leben Bestand haben. So, wie Sie Ängste gelernt haben, können Sie diese auch wieder verlernen. Ein weiterer wichtiger Schritt zu mehr Gelassenheit: Durch geeignete Methoden einige Ängste wieder verlernen und die Stressreaktion im Körper nicht mehr ablaufen lassen.

Häufige Ängste

Heute treten besonders häufig folgende Ängste auf:

- Zukunftsangst
- Existenzangst
- Angst vor der Zerstörung der Umwelt
- Angst vor der Klimakatastrophe
- Angst vor der Einsamkeit im Alter
- Angst vor dem Versagen im Beruf
- Angst vor Krankheiten

Versagens- und Existenzängste sind schon den Kindern und Jugendlichen gekannt. Bereits im Kindergarten wird Druck ausgeübt. Eltern wollen, dass ihre Kinder so schnell wie möglich sauber werden und laufen lernen. Der Sprachschatz soll schnell erweitert werden. Und auch die ersten Lese- und Schreibkenntnisse müssen schon vor dem Besuch einer Volksschule vorhanden sein. Der Kindergarten wird sorgfältig ausgewählt. Es steht nicht mehr das spielerische Lernen, sondern die Leistung im Vordergrund. Während der Schulzeit erhöht sich der Druck noch weiter. Mehrere Fremdsprachen müssen für das spätere Berufsleben erlernt werden. Der Schulstoff wird immer umfangreicher. Mit den Hausaufgaben und den Lernanforderungen kommen die Kinder schnell auf ein Arbeitspensum von 50 bis 60 Stunden jede Woche.

Mehr als bei normaler Berufstätigkeit bewältigt werden muss. Dadurch, dass Leistung schon von Kindesbeinen an gefordert wird, ist der externe Druck, der auf die Kinder ausgeübt wird, enorm. Versagensängste treten schon während der Schulzeit auf. Dazu kommt noch eine Unzufriedenheit mit dem eigenen Körper, die durch ein falsches Bild der Medien verstärkt wird.

Durch die ständige Anspannung und den Stress ist an Ruhe und Entspannung nicht mehr zu denken. Nervosität und innere Unruhe breiten sich aus.

Fehlt die Möglichkeit, sich durch Freizeitaktivitäten zu entspannen, tritt schon bei Jugendlichen chronischer Stress auf, der zu einem Burnout führen kann. Bereits zehn Prozent der Jugendlichen leiden in der Schule unter einer akut verlaufenden Angststörung. Erwachsene sind sogar bis zu 25 Prozent betroffen. Panikattacken treten bei vier Prozent der in Deutschland lebenden Menschen auf.

Als Erwachsener müssen Sie in Ihrem Leben Familie und Beruf managen. Allen Anforderungen gerecht zu werden, ist sehr schwierig. Ist die Work-Life-Balance nicht ausgeglichen, kommen Sie schnell aus dem Gleichgewicht. Das ist vor allem der Fall, wenn Sie unspezifischen Ängsten und Existenzängsten einen zu großen Raum einräumen.

Der hohe Leistungsdruck verursacht Stress. Damit Sie nicht einen Burnout erleiden, benötigen Sie geeignete Methoden, den Stress und die Ängste abzubauen. Sie sollten lernen, mit unwichtigen Kleinigkeiten gelassen umzugehen. Nicht immer ist es notwendig, mit voller Energie zu reagieren. Dinge, auf die Sie keinen Einfluss haben, sollten Sie mit Gelassenheit hinnehmen. Wozu auch unnötig bestehende Ressourcen verschwenden? Dadurch können Sie sich besser auf die für Ihr Leben und Ihren Erfolg wirklich wichtigen Dinge konzentrieren. Denn Gelassenheit und Resilienz gegen Stress können Sie lernen. Das Buch wird Ihnen dabei mit wertvollen Tipps helfen.

Wie können Sie Ihre Gefühle erkennen?

Damit Sie sich darüber klar werden können, welche Gefühle bei Ihnen negativen Stress auslösen, müssen Sie diese erst einmal kennen.

Nehmen Sie ein Blatt Papier und teilen Sie dieses mit Strichen in drei Teile. Schreiben Sie jetzt in den linken Teil sehr starke Ängste, in den mittleren Teil mittelstarke Ängste und in die rechte Spalte schwache Ängste.

Notieren Sie alle Dinge, vor denen Sie sich fürchten, egal ob diese real sind oder nicht.

Betrachten Sie jetzt die Liste einmal genauer. Welche Angst ist für Sie am stärksten? Womit können Sie am wenigsten gut umgehen?

Überlegen Sie, wie Sie die einzelnen Ängste überwinden können. Was hilft Ihnen? Welche Methoden haben Sie schon probiert? In einem späteren Kapitel des Buches werden Sie noch weitere Methoden kennenlernen, um Ihre Angst und damit einen Stressor zu überwinden und gelassener zu leben.

Erkennen Sie, wie positive und negative Gefühle Ihren Tagesablauf beeinflussen

Um sich genau darüber klar zu werden, wie Stress durch negative Gefühle Ihren ganzen Alltag beeinflusst, können Sie die Strichmännchen-Methode anwenden.

Die Strichmännchen-Methode

Zeichnen Sie ein Strichmännchen auf ein Blatt Papier. Das Männchen ist ein Symbol für Ihr Gefühlsleben. Steht es ruhig da, sind die Arme an den Körper gepresst oder ausgebreitet, lacht es oder weint es, fühlt es sich neutral oder schlecht?

Zeichnen Sie mehrmals am Tag Ihre Gefühle als Strichmännchen auf das Papier. Am Abend benötigen Sie farbige Stifte. Markieren Sie Freude und Glück mit Hellblau, Angst mit Grau, Verzweiflung mit Schwarz, Ärger mit Rot und neutrale Gefühle mit Grün. Natürliche können Sie bei Bedarf auch mehr Farben verwenden. Welche Farbe ist vorwiegend vorhanden? Waren Sie an diesem Tag öfter ärgerlich und gestresst, oder haben Sie sich die meiste Zeit entspannt und gut gefühlt?

Wenn Sie die Zeichnungen an mehreren Tagen anfertigen, können Sie sich einen längeren Überblick über Ihr Leben verschaffen. Treten Markierungen für Stress und Ärger sehr häufig auf, sollten Sie die Situationen, die davon betroffen sind, neben das Männchen schreiben. Jetzt sehen Sie es Schwarz auf Weiß. Sie können das nächste Mal schon auf eine entsprechende Situation reagieren, bevor Sie gestresst sind.

Gelassenheit und Resilienz lernen

Resilienz bedeutet, eine psychische Widerstandskraft zu besitzen, die Ihnen hilft, mit schwierigen Lebensumständen besser fertig zu werden. Bei der Bewältigung von Stress gehen Resilienz und Gelassenheit Hand in Hand. Der Vorteil ist: Sie können Ihre angeborenen Fähigkeiten verstärken und durch verschiedene Methoden eine bessere Resilienz entwickeln.

Doch zuerst wollen wir uns erst etwas genauer mit dem Begriff der Resilienz beschäftigen.

Definition von Resilienz

Der Begriff Resilienz kommt aus dem Lateinischen und bedeutet abprallen oder zurückspringen (resilire). Es handelt sich um einen Prozess, während dessen Sie durch Veränderungen Ihres Verhaltens auf äußere Umstände und Probleme reagieren. Sie passen sich den äußeren Umständen an – ein für die Menschen und auch andere Lebewesen überlebenswichtiger Mechanismus.

Resilienz ist aber nicht nur ein Anpassungsprozess. Es handelt sich um eine persönliche Eigenschaft, die bei den Menschen individuell unterschiedlich stark ausgeprägt ist. Eine Person, die über eine gute Resilienz verfügt, hat erkannt, dass sie dem Schicksal nicht ausgeliefert ist. Sie selbst bestimmt ihre weiteren Lebensumstände.

Schon Kinder besitzen eine angeborene Resilienz, die durch die weiteren Erfahrungen noch verstärkt wird. So ist es durchaus möglich, dass Kinder mit guter Resilienz trotz des Aufwachsens in schlechten familiären Verhältnissen später erfolgreich sind und eine liebevolle Familie gründen.

Wodurch wird die Resilienz beeinflusst?

Folgende positive Faktoren sind in der Lage, die Resilienz einer Person zu stärken:

- Persönliches Umfeld: Familie, Freunde, Glaubensgemeinschaften
- Persönliche Faktoren: Intelligenz, Religiosität
- Emotionale Faktoren: Empathie
- Prozessfaktoren: Erkennen von Chancen und Nutzen von Gelegenheiten

Vor allem die Familie ist für die Entwicklung einer guten Resilienz gegen Stress sehr wichtig. Ein Kind, das in einer behüteten Umgebung aufwächst und seine Erfahrungen in Sicherheit sammeln kann, wird ein besseres Selbstbewusstsein und damit eine bessere Resilienz aufbauen als ein Kind, das von den Eltern nicht gefördert wird.

Aber Resilienz kann auch als Erwachsener noch erworben werden. Denn bei Resilienz handelt es sich nicht um eine starre Eigenschaft, die unser ganzes Leben lang unverändert bleibt. Es ist ein fließender Prozess, der durch äußere und innere Faktoren immer wieder verändert werden kann.

Durch negative Faktoren kann die Resilienz einer Person geschwächt werden:

- Fehlende familiäre Bindungen
- Fehlende Beziehungen zu Freunden
- Ausgeschlossen sein aus Gemeinschaften
- Verminderte geistige Fähigkeiten
- Keine ausgeprägte Selbstregulation
- Fixierung auf Probleme, auch wenn diese unwichtig sind.

Je stärker der Zusammenhalt in einer Gruppe ist, umso stärker ist auch die Resilienz der Menschen, die zu dieser Gruppe gehören.

Aber Resilienz ist nicht etwas, das einmal da ist und für immer Bestand hat. Es handelt sich um einen Prozess, der ständig Veränderungen unterworfen ist. Abhängig von Ihrer momentanen Lage kann Ihre Resilienz einmal stärker und einmal schwächer ausgeprägt sein. Positive Anpassungen des Verhaltens vergrößern die Resilienz.

Was passiert, wenn die Resilienz einer Person geschwächt ist?

Verfügen Sie nur über eine geringe Resilienz, können Sie sich nur schlecht gegen Stressoren verteidigen. Der Stress kann nicht durch Entspannungsphasen ausgeglichen werden und wird immer stärker anwachsen. Im schlimmsten Fall leiden Sie bereits unter chronischem Stress oder einem Burnout.

Sie haben erkannt, dass es für Sie Zeit ist, zu handeln und den Stress in Ihrem Leben durch Gelassenheit zu reduzieren. Mit dem Lesen des Buchs haben Sie den ersten Schritt unternommen. Sie haben schon einiges über Stress, Ängste und Stressoren erfahren. Jetzt wollen wir uns dem nächsten wesentlichen Kapitel widmen: Mit welchen Methoden kann Stress wirkungsvoll bekämpft und verringert werden?

Welche Methoden haben Sie denn schon ausprobiert, um Stress abzubauen?

1. Sport

Sport ist ein guter Ausgleich für sitzende Büroarbeiten. Vielleicht haben Sie auch einen Freund gefunden, mit dem Sie den Sport gemeinsam ausüben. Vorsicht: Hier kann der nächste Stressor lauern, wenn der Sport in einen Wettkampf ausartet. Sie wollen sich ja schließlich entspannen und nicht wissen, wer mehr leisten kann.

2. Ein Buch lesen

Durch Lesen dringen Sie in eine Fantasiewelt ein, die Ihnen die unterschiedlichsten Abenteuer im Kopf ermöglicht. Aber auch Lesen kann unbewusst Stress ausüben, wenn Sie mit dem Helden der Handlung mitfiebern und sich nicht wirklich entspannen.

3. Fernsehen

Actionfilme, Krimis oder Nachrichten sind nicht unbedingt dazu geeignet, Stress abzubauen. Im Gegenteil. Die Filme entspannen nicht, sondern verursachen nur neuen Stress.

4. Ruhig auf dem Sofa sitzen

Sind Sie noch in der Lage, auf dem Sofa sitzend zu entspannen? Oder ist der Stress in Ihrem Körper schon so gegenwärtig, dass in Momenten der Ruhe das Gedankenkarussell erst recht in Gang kommt? Es ist gar nicht so leicht, auf Befehl einfach zu entspannen. Sie müssen in diesem Fall aktiv werden und verschiedene Techniken zur Entspannung anwenden. Sonst wird Ihr Gehirn nur von stressigen Gedanken überschwemmt und Sie haben keine Möglichkeit zu entspannen.

Sie sehen also: Es ist gar nicht so einfach, sich zu entspannen. Erst müssen Sie die richtige Methode finden und diese auch richtig anwenden. Dabei wird Ihnen das nächste Kapitel des Buches „Gelassenheit lernen" helfen.

Geben Sie nicht auf, wenn immer wieder Rückschläge eintreten. Es ist noch kein Meister vom Himmel gefallen. Auch Sie müssen erst lernen, auf Ihren Körper und Ihren Geist zu hören und Entspannung zuzulassen.

Methoden für das Erlernen von allgemeiner Gelassenheit

Um allgemeine Gelassenheit zu erlernen, gibt es verschiedene Methoden. Sie haben sich selbst und Ihre Gefühle, Ängste und Stressoren schon sehr gut kennengelernt. Das werden wir jetzt als Basis für die einzelnen Methoden verwenden. Gemeinsam werden wir ausprobieren, welche der Methoden für Sie die Richtige ist. Setzen Sie sich bei der Suche nach der richtigen Methode nicht gleich wieder unter Stress. Sie haben Zeit. Probieren Sie einfach alle Methoden aus. Dann finden Sie bestimmt die für Sie passende Technik und mehr Gelassenheit.

Atemübungen

Gerade unter Stress verändert sich Ihre Atmung. Die Atemzüge werden kürzer, finden aber häufiger statt. Durch die kürzeren Atemzüge gelangt nicht mehr genügend Sauerstoff in die Lunge. Kohlendioxid kann nicht in ausreichender Menge ausgeatmet werden.

Sie kennen sicher eine Panikattacke. Die Atemfrequenz erhöht sich immer stärker, bis das Gefühl der Erstickung eintritt. Eine schmerzhafte Einengung des Brustkorbs ist zu spüren. Dabei sind für die Symptome keine körperlichen Einschränkungen, sondern rein psychische Probleme ausschlaggebend.

Was ist das Ziel von Atemübungen?

Mit den Atemübungen soll die Atmung verlangsamt und wieder normalisiert werden. Dadurch entsteht immer auch eine gewisse Entspannung. Der Stress baut sich ab.

Wie fühlt sich eine normale Atmung an?

Die Atmung gehört zu den grundlegenden Lebensfunktionen, die von unserem Körper automatisch ausgeführt werden. Sie müssen Ihr Gehirn nicht ständig daran erinnern, dass Sie Sauerstoff benötigen. Durch den Anstieg von Kohlendioxid im Blut wird dem Gehirn über Sensoren signalisiert, dass es Zeit für den nächsten Atemzug ist. Das Atemzentrum im Gehirn veranlasst über die Nerven die Reaktion der Brustmuskulatur. Im Brustkorb entsteht ein Vakuum. Luft kann von der Lunge aufgenommen werden. Umgekehrt zieht sich die Muskulatur bei der Ausatmung zusammen. Die mit Kohlendioxid angereicherte Luft wird aus der Lunge gepresst und an die Umgebung abgegeben.

Setzten Sie sich doch einmal hin und atmen Sie mehrere Male ganz bewusst ein und aus. Konzentrieren Sie sich auf jeden einzelnen Atemzug. Merken Sie, wie sich Ihr Brustkorb langsam hebt und senkt. Aber auch der Bauch ist mit seiner Muskulatur an der Atmung beteiligt. Um das zu erkennen, legen Sie sich ausgestreckt auf den Rücken. Schließen Sie die Augen und hören Sie nach innen. Sie können spüren, wie sich Ihre Lunge ausdehnt und zusammenzieht. Auch das Zusammenspiel von Brustkorb und Bauch ist deutlich wahrzunehmen.

Atmen Sie weiter bewusst ein und aus. Merken Sie, wie der Stress abnimmt und Sie sich langsam entspannen?

Welche Arten von Atmung gibt es?

Nutzen Sie auch nur einen kleinen Teil der Kapazität Ihrer Lunge, weil Sie beim Atmen immer die Bauchmuskulatur anspannen? Wenn ja, dann müssen Sie schneller atmen, um Ihren Körper mit genügend Sauerstoff zu versorgen. Die schnelle Atmung ist immer mit der Produktion und

Ausschüttung von Stresshormonen verbunden. Achten Sie daher bei den Atemübungen darauf, dass Sie entweder die Vollatmung oder zumindest die Bauchatmung verwenden.

- Bauchatmung: Ihre Hände liegen auf dem Bauch. Atmen Sie jetzt über die Nase bis tief in den Bauch ein. Merken Sie, wie sich Ihre Hände bei der Einatmung gemeinsam mit dem Bauch heben. Atmen Sie jetzt langsam durch den Mund wieder aus. Der Bauch senkt sich dabei.

- Brustatmung: Jetzt machen wir die Übung noch einmal, legen dabei aber die Hände auf den Brustkorb. Atmen Sie langsam durch die Nase ein und durch den Mund aus. Ihr Brustkorb hebt und senkt sich dabei regelmäßig.

- Flankenatmung: Legen Sie bei den Atemzügen die Hände seitlich auf die Rippen. Spüren Sie, wie sich der Brustkorb weitet und wieder zusammenzieht.

- Rückenatmung: Stellen Sie sich mit leicht gespreizten Beinen auf den Boden und beugen Sie den Oberkörper nach unten. Die Arme hängen entspannt und locker nach unten. Konzentrieren Sie sich auf die Veränderungen, die während der Atmung an der Rückenmuskulatur stattfinden.

- Vollatmung: Jetzt verbinden Sie die einzelnen Atemarten. Atmen Sie ganz bewusst langsam durch die Nase ein und durch den Mund aus. Konzentrieren Sie sich auf Ihre Atem, der durch den ganzen Körper fließt.

Welche Auswirkungen hat bewusstes Atmen auf Ihren Körper?

Wenn Sie beim Atmen die Muskeln ganz bewusst anspannen und entspannen, entspannt sich bei dem Vorgang auch Ihr ganzer Körper. Die Bildung von Stresshormonen ist verringert. Der Blutdruck sinkt. Gleichzeitig lösen sich durch die bewusste Atmung Muskelverspannungen. Ihre Herzfrequenz sinkt. Sie fühlen sich wohler und gelassener. Gleichzeitig fördern Sie auch Ihre Konzentrationsfähigkeit und lernen bewusst, auf sich selbst zu achten.

Was ist allgemein bei Atemübungen wichtig?

Atmen Sie immer durch die Nase ein und durch den geöffneten Mund aus. Atmen Sie langsam und bewusst.

Nehmen Sie vor und nach jeder Atemübung die Grundstellung ein:

Legen Sie sich dazu auf einer Gymnastikmatte auf den Rücken. Die Beine liegen gerade und leicht gespreizt flach auf der Matte. Die Arme liegen entspannt und ausgestreckt neben dem Oberkörper.

Öffnen Sie, wenn möglich, bei der Durchführung der Atemübungen ein Fenster und lassen Sie frische Luft in den Raum strömen. Das ist natürlich nicht empfehlenswert, wenn Sie an einer stark befahrenen Straße wohnen oder durch den Lärm abgelenkt werden.

Atemübung mit Zählen

Diese Übung wird im Stehen oder im Sitzen durchgeführt. Stellen Sie sich mit leicht gegrätschten Beinen und locker nach unten hängenden Armen auf die Matte. Atmen Sie tief durch die Nase ein und beginnen Sie zu zählen: 1, 2, 3, 4, 5, 6, 7, 8. Jetzt halten Sie die Luft an und zählen langsam bis vier. Atmen Sie durch den geöffneten Mund aus und zählen Sie dabei wieder bis acht.

Machen Sie eine Pause von 20 bis 30 Sekunden und horchen Sie in sich hinein. Wie fühlen Sie sich? Jetzt beginnen Sie wieder mit der Atemübung. Wiederholen Sie die Übungen bis zu zehn Mal.

Brustkorbatmung, um Stress abzubauen

Stellen Sie sich in die Grundposition und atmen Sie einige Male bewusst ein und aus. Ihre Arme hängen dabei locker an den Seiten. Heben Sie Ihre gestreckten Arme bis auf Schulterhöhe und atmen Sie dabei tief durch die Nase ein. Halten Sie die Luft für einige Sekunden an. Jetzt senken Sie die Arme wieder und atmen durch den geöffneten Mund aus.

Das Heben und Senken der Arme unterstützt die Tätigkeit der Brustmuskulatur und hilft Ihnen, sich auf die einzelnen Atemzüge zu konzentrieren.

Atmen Sie in Ihren Bauch

Setzen Sie sich aufrecht auf die Gymnastikmatte und schlagen Sie Ihre Beine zum Schneidersitz übereinander. Legen Sie Ihre Hände mit der Handfläche nach unten auf die Oberschenkel und achten Sie darauf, dass Ihr Rücken gestreckt, aber nicht angespannt, ist. Denken Sie an eine schöne Landschaft mit Bergen, einem See oder einem Fluss. Atmen Sie jetzt durch den Mund bis tief in den Bauch hinein ein. Halten Sie die Luft kurz an und konzentrieren Sie sich. Jetzt atmen Sie kräftig durch den weit geöffneten Mund wieder aus. Setzen Sie dabei die Bauchmuskulatur ganz bewusst ein.

Wiederholen Sie die Übung bis zu zehn Mal.

Atemübung mit Brummen zum Lösen von Verspannungen

Setzen Sie sich wieder im Schneidersitz auf den Boden. Halten Sie Ihren Oberkörper gerade. Heben Sie die Hände zu Ihren Ohren und stecken Sie die Zeigefinger in die Ohren. Atmen Sie tief durch die Nase ein und halten Sie die Luft für zwei bis drei Sekunden an. Erzeugen Sie bei der Ausatmung einen hohen Brummton. Im Ohr sollte dieser Ton wie das Summen einer Biene klingen.

Merken Sie, wie sich Ihre Nackenmuskulatur entspannt? Die Frequenz des Tons wirkt zusätzlich zu der bewussten Atmung krampflösend und entspannend.

Wiederholen Sie die Übung bis zu zehn Mal.

Atmen bis tief in das Becken

Legen Sie sich entspannt auf den Rücken. Breiten Sie Arme und Beine seitlich aus. Jetzt atmen Sie tief durch die Nase ein. Konzentrieren Sie sich darauf, wie die Luft über den Brustkorb in den Bauch strömt und auch das Becken ausfüllt. Halten Sie die Luft kurz an und atmen Sie dann lang über den geöffneten Mund wieder aus. Die Luft verlässt Ihren Körper und nimmt dabei auch einige Probleme und schlechte Gedanken mit sich.

Wiederholen Sie die Übung bis zu zehn Mal.

Bauchatmung zum Abbau von Stress

Legen Sie sich entspannt auf den Rücken, die Arme liegen hinter Ihrem Kopf. Die Beine sind leicht angewinkelt und zur linken Seite gedreht. Drehen Sie den Kopf nach rechts. Atmen Sie jetzt 30 Sekunden lang ganz bewusst in den Bauchraum ein. Halten Sie die Luft kurz an und atmen Sie aktiv aus.

Wiederholen Sie die Übung und wechseln Sie dabei die Seite: Die Beine werden nach rechts gedreht, der Kopf nach links.

Atemübung in der Winkelstellung

Legen Sie sich entspannt auf den Rücken. Heben Sie das rechte Bein an, winkeln Sie es an und umfassen Sie den Knöchel mit der rechten Hand. Die linke Hand und das linke Bein liegen entspannt auf dem Boden. Atmen Sie durch die Nase tief in den Bauch ein, halten Sie die Luft an und atmen Sie wieder aktiv aus.

Wechseln Sie bei der Wiederholung der Übung das Bein.

Atmen mit Worten

Hier wird die Atemübung mit einem Mantra kombiniert. Wählen Sie ein Wort, das Sie als angenehm empfinden. Ein Beispiel könnte Ruhe sein.

Atmen Sie durch die Nase ein und durch den geöffneten Mund aus. Konzentrieren Sie sich auf jeden einzelnen Atemzug. Während Sie ausatmen, sprechen Sie langsam das Wort Ruhe. Ihr Körper wird gleichzeitig durch die gleichmäßige Atmung und durch das Wort Ruhe entspannt. Das Wort signalisiert Ihrem Gehirn, dass alles in Ordnung ist und Sie sich wohlfühlen. Worte können Ihr Gehirn und seine Reaktionen stärker beeinflussen, als Sie vielleicht annehmen. Daher ist es besonders wichtig, ein unkompliziertes und positives Wort zu wählen, das am besten aus zwei Silben besteht.

Atemübung mit progressiver Muskelentspannung

Stellen Sie sich bequem in die Grundposition. Atmen Sie tief durch die Nase ein und spannen Sie dabei die Muskeln bewusst an. Halten Sie die Luft für einige Sekunden an. Jetzt atmen Sie aus und entspannen dabei Ihre Muskeln.

Wiederholen Sie die Übung mindestens fünf Mal. Wenn Sie sich im Sitzen wohler fühlen, können Sie diese Atemübung auch im Sitzen ausführen.

Die Wechselatmung

Setzen Sie sich entspannt auf einen Sessel. Verschließen Sie das linke Nasenloch mit der linken Hand. Jetzt atmen Sie nur über das rechte Nasenloch langsam ein, halten die Luft kurz an und atmen über das linke Nasenloch langsam wieder aus.

Bei der nächsten Wiederholung verschließen Sie das linke Nasenloch. Wiederholen Sie diese Übungen mehrmals im Wechsel.

Die Wechselatmung wirkt entspannend und ausgleichend auf die beiden Gehirnhälften, die abwechselnd gefordert werden. Dadurch erhöhen Sie gleichzeitig Ihre Konzentrationsfähigkeit.

Atemübung beim Gefühl der Angst

Wenn Sie ängstlich sind, stehen Sie unter besonders starkem Stress. Ihre Atmung ist schnell und flach. Legen Sie sich auf den Rücken. Winkeln Sie beide Beine an und stellen Sie Ihre Fußsohlen flach auf den Boden. Das Becken ist in die Richtung des Nabels gekippt. Beide Arme liegen entspannt neben Ihrem Körper.

Drücken Sie jetzt die Wirbelsäule fest auf den Boden und atmen Sie lang aus. Versuchen Sie, möglichst viel Luft aus Ihrem Körper zu entfernen. Halten Sie den Atem für einige Sekunden an.

Heben Sie jetzt das Kreuz an und kippen Sie das Becken nach hinten. Dabei atmen Sie tief ein.

Wiederholen Sie das bewusste Ein- und Ausatmen mehrere Male. Sie spüren, wie die Angst langsam aus Ihrem Körper verschwindet. Wenn Sie sich besser fühlen, sollten Sie noch einige Minuten in einer entspannten Rückenlage liegenbleiben, damit sich Ihr Körper erholen und Ihr Kreislauf stabilisieren kann.

Wie können Sie sich zu regelmäßigen Atemübungen motivieren?

Damit Atemübungen Ihre volle Wirkung zeigen, sollten Sie regelmäßig durchgeführt werden. Die meisten Übungen sind gut in den Alltag zu integrieren und können auch in einer Arbeitspause absolviert werden. Damit Ihnen nicht langweilig wird, können Sie die verschiedenen Übungen miteinander kombinieren. Häufig ist es auch ausreichend, wenn Sie bei stressigen Arbeiten eine kurze Pause einlegen und ganz bewusst ein- und ausatmen.

Das Motivationsglas

Schreiben Sie doch verschiedene Atemübungen auf einen Zettel und legen Sie die Zettel in ein Glas. Lassen Sie sich jeden Tag überraschen, welche Atemübung heute an der Reihe ist.

Auf die Rückseite der Zettel können Sie noch motivierende Sprüche schreiben: „Heute ist ein schöner Tag. Es geht mir gut. Ich bin ruhig und gelassen." Achten Sie bei den Sprüchen unbedingt auf positive Formulierungen.

Sport

Heute ist auf den meisten Arbeitsplätzen der Körper kaum gefordert. Aber das Gehirn fährt ständig auf der Überholspur. Termine privat und in der Arbeit, der Leistungsvergleich mit Kollegen – da kann sich natürlich eine Menge Stress aufbauen. Sind Ihre Ansprüche an sich selbst mit der Zeit auch immer mehr gestiegen? Hat Ihr Motto gelautet: Das schaffe ich auch noch mit links?

Was war denn die Folge von diesem Verhalten? Sie haben Ihren Körper dauerhaft unter Stress gesetzt. Vielleicht haben Sie es sich als Ausgleich auf dem Sofa gemütlich gemacht. Aber hat das wirklich geholfen? Waren Sie danach weniger gestresst? Wahrscheinlich nicht. Die Erholung auf der Couch war eigentlich keine Erholung. Da der Ausgleich zu der stressigen geistigen Anspannung fehlte, konnte Ihr Körper nicht herunterschalten.

Dabei kennen Sie das beste Mittel gegen Stress: Sport.

Warum hilft Sport besser als Sitzen auf der Couch?

Ihr Körper war den ganzen Tag massivem Stress ausgesetzt. Sie sind müde und wollen sich einfach auf der Couch entspannen. Herzfrequenz und Atmung verlangsamen sich und auch Ihr Blutdruck sinkt. Aber die vorher produzierten Stresshormone befinden sich noch immer in Ihrem Körper und Ihre gesamte Muskulatur ist angespannt. Ihr Stresslevel sinkt nicht.

Wenn Sie sich dagegen beim Sport bewegen, produziert Ihr Körper das Glückshormon Serotonin und Endorphine. Diese sind der Gegenspieler der Stresshormone. Die Stresshormone werden neutralisiert und ausgeschieden. Durch die Bewegung lässt dadurch auch die während des Tages angesammelte innere Anspannung schnell nach.

Warum ist Sport ein so erfolgreiches Mittel zum Abbau von Stress?

- Ausdauersport macht glücklich.
- Sport ist ein natürlicher Booster für Energie.
- Sport wirkt wie ein Blitzableiter.
- Mit Sport werden Sie resistenter gegen Stress.

Serotonin und Endorphine werden beim Sport in der größten Menge produziert, wenn Sie Ihren Körper 30 bis 60 Minuten lang mäßig belasten. Denken Sie immer daran: Der Sport soll ein Ausgleich sein und nicht ein Wettkampf. Durch den erhöhten Gehalt an Serotonin im Gehirn fühlen Sie sich glücklicher und ausgeglichener. Das Gehirn wird besser mit Blut und Sauerstoff versorgt. Sie fühlen sich nicht mehr müde, sondern erfrischt. Ihre geistige Leistungsfähigkeit, Konzentration und Kreativität sind gestiegen.

Durch die Auslastung des Körpers durch Sport ist es Ihnen möglich, einen anderen Blickwinkel zu erlangen. Manche Probleme erscheinen Ihnen nach dem Sport als nicht mehr so schwer. Vielleicht fällt Ihnen sogar während der Aktivitäten eine kreative Lösung ein.

Wenn Sie sich regelmäßig bewegen, wird automatisch auch das Stressniveau in Ihrem Körper ausgeglichen. Der Stoffwechsel wird durch den Sport angeregt. Das

Training verringert die Ausschüttung von Stresshormo-nen. Ihre Resilienz gegen den Stress steigt. Sie können gelassener auf Ihre Umwelt reagieren.

Welche Sportarten sind für den Abbau von Stress geeignet?

Hier bestehen große individuelle Unterschiede. Testen Sie doch einfach aus, welche Sportart Ihnen am meisten Spaß macht. Sie können sich dabei für einen Einzelsport oder Teamsport entscheiden. Dabei ist Teamsport oft einfacher, da sich die Teilnehmer gegenseitig motivieren und Sie dem inneren Schweinehund im Team sicher nicht so schnell nachgeben.

Besonders gut für den Abbau von Stress sind Ausdauer-sportarten wie Laufen geeignet. Aber auch Tanzen oder Yoga können bei Stress Abhilfe schaffen. Um die für Sie richtige Sportart zu finden, sollten Sie überlegen, welcher Stresstyp Sie eigentlich sind.

Welche Stresstypen gibt es?

- Rastloser Stresstyp
- Zerstreuter Hans Dampf in allen Gassen
- Zorniges Rumpelstilzchen
- Teamplayer auch in der Freizeit
- Schüchterner Stresstyp
- Ein Schritt nach dem anderen

Sind Sie innerlich getrieben und rastlos? Dann fällt es Ihnen sicher besonders schwer, sich zu entspannen und den Körper zur Ruhe kommen zu lassen. Hier können Yoga, Tai Chi oder Qi Gong helfen.

Bei diesen Sportarten verlangsamen Sie automatisch das Tempo Ihres Körpers und es gelingt Ihnen schneller, sich zu entspannen und zur Ruhe zu kommen. Die motorische Entschleunigung durch die verlangsamten Bewegungen führt auch zu einer geistigen Entschleunigung und zum Abbau von Stress.

Eine weitere Möglichkeit zur Entschleunigung ist Nordic Walking, eine Sportart, bei der Sie langsam und entspannt gehen.

Sie können sich nicht auf die Yoga-Übungen konzentrieren? Dann gehen Sie doch vor den Übungen laufen. Sie bauen die überschüssige Energie ab und es fällt Ihnen nach dem Laufen leichter, die langsamen Bewegungen auszuführen.

Als zerstreuter Hans Dampf in allen Gassen können Sie vielleicht beim Tanzen gut entspannen. Tanzen ist nicht nur eine elegante Bewegung, es fordert alle Muskeln Ihres Körpers. Beim Tanzen stehen Ihnen viele Richtungen zur Wahl: klassisches Ballett, moderner Tanz, Stepptanz oder vielleicht auch Salsa. Sie haben die freie Wahl.

Durch die Konzentration auf Ihre Schrittfolgen können Sie sich besser auf sich selbst fokussieren. Haben Sie sich die Choreographie eines Tanzes einmal eingeprägt, laufen viele Bewegungen automatisch ab. Außerdem wird Ihr Selbstwertgefühl gestärkt.

Sie sind ein richtiges Rumpelstilzchen und rasten schon bei Kleinigkeiten aus? Dann müssen Sie sich beim Sport richtig auspowern. Probieren Sie doch eine Ballsportart aus. Der gegenseitige Schlagabtausch bei dieser Sportart hilft Ihnen, Konflikte ohne Ausraster zu lösen. Sie müssen sich auf mehrere Dinge konzentrieren: Ihre eigenen Bewegungen, den Ball und den Mitspieler. Da bleibt keine Zeit für ungebremste Emotionen.

Teamplayer sollten sich für Mannschaftssportarten entscheiden. Mit Fußball, Volleyball oder Handball können Sie in einem Team aktiven Sport betreiben. Sie pflegen soziale Kontakte und verhindern eine depressive Isolation.

Sie sind ein schüchterner Typ, der nur wenig Selbstbewusstsein besitzt? Dann stärken Sie doch Ihr Selbstwertgefühl beim Sport. Boxen, Judo oder andere Kampfsportarten zeigen Ihnen, wie viel Kraft in Ihrem Körper steckt. Ängste vor Berührungen durch andere Menschen werden durch den Kampfsport verringert. Die Emotionen können über das Ventil Sport einfach abgebaut werden. Ihr Frustrationslevel sinkt.

Sie sind ein Typ, bei dem immer ein Schritt nach dem anderen erfolgen muss? Bevor Sie sich auf etwas einlassen, muss die Situation genau bedacht werden. Gehen Sie doch wandern oder klettern, um Ihre innere Unruhe erfolgreich zu bekämpfen. Die einzelnen Schritte auf den Wanderwegen verlangen Ihre volle Konzentration. Gleichzeitig entspannen Sie sich durch die gleichmäßigen Bewegungen und die Schönheit der Landschaft. Der Vorteil: Sie müssen sich immer auf den folgenden Schritt konzentrieren und fühlen sich nicht überfordert.

Für Realisten, denen Yoga oder Qi Gong einen zu esoterischen Touch haben, eignet sich als Sportart auch die progressive Muskelentspannung. Sie können diese Technik isoliert oder mit Atemübungen kombiniert ausüben. Spannen Sie ganz bewusst den Arm an. Halten Sie die Muskelspannung für ein bis zwei Minuten. Dann entspannen Sie die Muskeln wieder. Hilfreich bei diesen sportlichen Übungen sind Hanteln oder andere Gewichte, die an den Handgelenken oder Fußgelenken befestigt werden. Die Gewichte helfen Ihnen zusätzlich, sich auf Ihren Körper und die Bewegungen zu fokussieren.

Sie möchten einmal alle Sorgen loslassen? Dann gehen Sie doch schwimmen. Im Wasser fühlt sich Ihr Körper schwerelos an. Belastungen und Einschränkungen sind nicht mehr vorhanden. Sie können einfach abtauchen und den Alltag loslassen. Legen Sie sich doch einmal im Wasser auf den Rücken und lassen Sie sich einfach treiben. Fühlen Sie die kleinen Wellen, die zärtlich Ihre Haut berühren und Sie entspannen. Beim Schwimmen erkennen Sie, dass Sie auch ohne Anstrengung durch das Leben gelangen können und dass die Gelassenheit Sie schneller an das Ziel bringt als Stress.

Ein angenehmer Nebeneffekt von Sport

Sport wirkt nicht nur als Ausgleich und ist entspannend. Er fördert die Konzentration und macht Ihren Körper fit für den Alltag. Muskeln und Gelenke, die ständig trainiert werden, sind beweglicher. Ihr Immunsystem ist belastbarer. Sie müssen während des Schlafs nicht mehr mit der aufgestauten Energie kämpfen. Ihr Schlaf wird ruhiger und erholsamer. Durch die während der sportlichen Aktivitäten ausgeschütteten Glückshormone hellt sich Ihre Stimmung auf. Depressive Verstimmungen treten nicht mehr auf.

Meditation

Ihr Leben ist wahrscheinlich durch eine Hektik geprägt, die für Sie besonders stressig ist. Sie haben erkannt, dass der Stress bereits Auswirkungen auf Ihr Verhalten und Ihre Gesundheit hat. Mit verschiedenen Meditationstechniken können Sie Ihren Geist und Ihren Körper entspannen und zu mehr Gelassenheit in Ihrem Leben finden.

Was ist Meditation?

Meditation ist eine traditionelle Heiltechnik, die schon seit vielen tausend Jahren angewendet wird. Für die Meditation benötigen Sie eigentlich nur einen ruhigen Ort, an dem Sie nicht gestört werden, und Zeit. Natürlich gibt es auch verschiedene Hilfsmittel, um schneller in den meditativen Zustand zu gelangen. Diese werden Sie später noch kennenlernen.

Setzen Sie sich einfach auf eine Matte auf den Boden. Schlagen Sie die Beine im Schneidersitz übereinander. Legen Sie Ihre Hände auf die Knie oder die Oberschenkel. Die Handflächen sind dabei nach oben gerichtet. Daumen und Zeigefinger berühren sich.

Schließen Sie die Augen und beginnen Sie mit der Meditation. Atmen Sie dabei bewusst und konzentrieren Sie sich auf Ihre Gefühle und Gedanken. Wenn zu viele Gedanken auf Sie einstürmen, wählen Sie ein Thema aus. Verschieben Sie die anderen Gedanken auf einen späteren Zeitpunkt. Wenn die Gedanken und Gefühle an Ihren geschlossenen Augen vorüberziehen, lassen Sie nicht zu, dass sich diese in Ihrem Kopf festsetzen. Es sind einfach nur Besucher, die kommen und gehen. Sie müssen nichts festhalten. Wichtiges wird automatisch wiederkehren, Unwichtiges verschwinden.

Damit haben Sie die Grundprinzipien einer Meditation kennengelernt.

Wie wirkt die Meditation?

Bei der Meditation richten Sie sich auf Ihr eigenes Zentrum aus. Sie stehen im Mittelpunkt. Beobachten Sie Ihre Gefühle und Ihren Geist. Vieles wird sich an die Oberfläche in Ihr Bewusstsein drängen wollen. Lassen

Sie einfach alle Gedanken zu, ohne diese zu bewerten. In Ihrem Kopf entstehen bis zu 60.000 Gedanken täglich. Negative und positive Schwingungen überfluten als Signale Ihr Nervensystem. Natürlich baut sich da Stress auf. Um dieses Trommelfeuer der Gedanken zu unterbrechen, benötigen Sie einen Ausgleich. Hier setzt die Meditation an. Die Meditationstechnik verursacht eine tiefe innere Entspannung. Stress, Spannungen und Blockaden in den Nervenbahnen werden aufgelöst. Ihr Geist ist wieder frisch und klar. Sie fühlen sich ausgeglichener und harmonischer und entspannen sich. Dadurch, dass Sie wieder frei und ungehemmt denken können, können Sie Ihrem Bauchgefühl mehr Raum geben und so überraschende Lösungen erreichen.

Was passiert beim Meditieren im Gehirn?

Durch die Meditation wird die gesamte Verarbeitung der Reize im zentralen Nervensystem entschleunigt. Sie reagieren nicht mehr sofort mit einer negativen Emotion, sondern können durch die Pause der Neuronen richtige Entscheidungen treffen.

Die Meditation führt vor allem zu einer Aktivierung des Vagusnervs, der für Gelassenheit, Energie und Entspannung zuständig ist. Der Vagusnerv ist der Gegenspieler des Sympathikus, der für Aufregung, Anstrengung und Flucht steht. Mit einer Meditation stärken Sie also Ihren Vagusnerv. Sie sind dadurch in der Lage, Ihre Gefühle für einen Moment ohne Reaktion abwarten zu lassen.

Welche Formen der Meditation gibt es?

* Aktive Meditationstechniken
* Passive Meditationstechniken

Aktive Mediationstechniken sind immer mit Bewegung und Dynamik verbunden. Sie öffnen sich und lassen die Gedanken fließen. Gleichzeitig konzentrieren Sie sich auf einen Bewegungsablauf, wie zum Beispiel das Singen von Mantren, Trommeln oder Gehen. Vor allem wenn Sie von sich selbst glauben, dass Sie nicht für längere Zeit unbeweglich bleiben können, sollten Sie eine aktive Meditationstechnik anwenden.

Welche aktiven Meditationstechniken gibt es?

Gehmeditation: Sie gehen ruhig und langsam und nehmen jeden Schritt bewusst wahr. Gleichzeitig ist Ihre Atmung im Einklang mit den Schritten. Dadurch gelingt es Ihnen, geistige und körperliche Blockaden abzubauen und zu lösen.

Bodyscan: Legen Sie sich auf den Rücken. Konzentrieren Sie sich jetzt nacheinander auf jeden einzelnen Teil Ihres Körpers. Können Sie an irgendeiner Stelle unangenehme Gefühle oder Verspannungen wahrnehmen? Atmen Sie während des geistigen Scannens immer in einem gleichmäßigen Rhythmus ein und aus.

Mantrameditation: Atmen Sie bewusst. Im Rhythmus der Atemzüge sprechen Sie ein Mantra beim Ausatmen aus. Konzentrieren Sie sich nur auf das positive Wort. Negative Gefühle und Gedanken können sich dann nicht festsetzen und verschwinden. Mögliche Mantras sind Ruhe, Om, So ham (Ich bin).

Bei passiven Meditationstechniken sitzen Sie im Schneidersitz auf dem Boden und legen Ihre Hände entspannt auf die Oberschenkel. Verschränken Sie Ihre Hände ineinander oder formen Sie das „Mudra". Dabei berühren sich die Spitzen von Daumen und Zeigefinger. Die Handflächen sind nach oben gerichtet. Sie sind nur auf Ihren

Atem konzentriert. Es herrscht vollständige Stille und Sie sind jetzt in der Lage, neue Perspektiven zu erkennen.

Welche passiven Meditationstechniken gibt es?

Stille Meditation: Sie konzentrieren sich auf das Fließen des Atems und die Stille in Ihrem Inneren. Jeder auftauchende Gedanke fließt nur durch Sie durch, er setzt sich nicht fest. Einzig Ihre Atmung ist wichtig.

Zen-Meditation: Konzentrieren Sie sich auf Gefühle und Bewegungen, die in Ihrem Körper auftauchen. Versuchen Sie, sich über Ihr inneres Ziel klar zu werden. Was ist wirklich wichtig für Sie?

Achtsamkeitsmeditation: Sie richten Ihre Konzentration gleichzeitig auf Ihren Körper und die Umgebung. Was nehmen Sie wahr? Nichts hat Konsequenzen für Sie. Sie sind einfach nur ein Beobachter, der nicht handelnd einschreitet. Atmen Sie während der Meditation bewusst. Nehmen Sie alle Eindrücke wahr, aber führen Sie keine Bewertung durch.

Transzendentale Meditation: Ins Leben gerufen wurde die Zen-Meditation durch Maharishi Mahesh Yogi, einen Guru aus Indien. Bei dieser Form der Meditation kontrollieren Sie Ihren Geist nicht, da Kontrolle nie einen natürlichen Ursprung hat. Schließen Sie die Augen und nehmen Sie keine Gedanken wahr. Wichtig ist nur Ihr inneres Selbst. Mit dieser Meditationsform erreichen Sie einen Zustand von innerem Frieden und Ruhe.

Ihre erste Meditation

Beginnen Sie mit fünf Minuten, in denen Sie sich ausschließlich auf Ihre tiefen Atemzüge konzentrieren. Sie können diese Übung im Sitzen, Stehen oder Gehen ausführen.

Üben Sie das Sammeln Ihres Geistes. Gehen Sie spazieren und konzentrieren Sie sich nur auf sich selbst. Lassen Sie sich nicht von äußeren Dingen ablenken.

Vereinbaren Sie ein Date mit sich selbst. Setzen Sie sich in Meditationsstellung auf den Boden, schließen Sie Ihre Augen und lassen Sie den Fluss der Gedanken einfach zu.

Verbinden Sie jetzt Ihre Meditation mit einem Mantra. Sie können das positive Wort entweder aussprechen oder auch einfach nur denken. Nutzen Sie am Anfang ein neutrales Mantra wie Om, damit Ihre Konzentration auf sich selbst durch das Wort nicht gestört wird.

Wie lange sollte die Meditation dauern?

Vergessen Sie nicht: Sie wollen meditieren, um zu entspannen und innere Ruhe zu erlangen. Eine Meditation ist kein Wettbewerb. Sie müssen bei der Meditation keine Selbstoptimierung durchführen und unter allen Umständen erfolgreich sein. Es ist ausreichend, wenn Sie am Anfang nur wenige Minuten meditieren. Mit der Zeit werden Sie das Bedürfnis verspüren, Ihre Meditationszeit auszudehnen.

Yoga

Yoga ist eigentlich eine Form der aktiven Meditation. Das ganzheitliche Übungssystem wurde im 19. Jahrhundert in Indien ausgearbeitet. Die philosophische Lehre Yoga beinhaltet körperliche und geistige Übungen, die zu einer Vereinigung von Körper und Bewusstsein führen sollen. Heute wird in Europa eine moderne Form des Yoga unterrichtet, in die auch große Teile der westlichen Philosophie integriert wurden.

Westliche Yoga ist mehr auf den Körper ausgerichtet. Ein Guru hat nicht die große Bedeutung, die ihm in den asiatischen Ländern zugestanden wird. Yoga wurde übrigens 2016 von der UNESCO als immaterielles Weltkulturerbe anerkannt.

Wie wirkt Yoga?

Yoga wirkt nicht nur auf das Nervensystem, sondern auch direkt auf den Stoffwechsel. Muskeln und Gelenke werden durch die Übungen (Asangas) gestärkt und beweglicher. Die Fitness nimmt zu. Durch die Konzentration auf die Atmung entsteht ein besseres Gefühl für den eigenen Körper und Geist. Der erste Schritt zu Achtsamkeit und Gelassenheit ist damit getan.

Mit Yoga-Übungen gelingt es Ihnen, sich wieder mit der Erde zu vereinigen und Ihre Wurzeln zu spüren. Sie kommen mit Ihrer Umgebung ins Reine und werden nicht mehr durch unnötige Dinge belastet. Durch die Konzentration baut sich der Stress in Ihnen ab. Sie entspannen sich und können leichter innehalten, um nicht wieder von Neuem in eine Stressfalle zu geraten.

Ist jeder für Yoga-Übungen geeignet?

Ja, jeder Mensch kann Yoga machen. Die einzigen Voraussetzungen, die für die Übungen notwendig sind, ist, dass Sie atmen. Ob eine Stellung perfekt ist oder nicht, ist nicht das Ziel von Yoga. Wichtig ist nur die Konzentration auf Ihre innere Mitte und die Entspannung. Trotzdem sollten Sie vor dem Beginn mit den Übungen einen Arzt kontaktieren, um abzuklären, auf welche gesundheitlichen Probleme Sie bei den Übungen Rücksicht nehmen müssen.

Welche Yoga-Stile gibt es?

- Ashtanga Yoga: Hier werden festgelegte Abfolgen von Asanas geübt. Der Atemrhythmus ist genau festgelegt.

- Anusara Yoga ist körperorientiert. Es besteht eine Verbindung zwischen Atemübungen, Körperübungen und Meditation.

- Iyengar Yoga: Die perfekte Ausrichtung der Yoga-Stellung führt zur Erleuchtung und zur Gelassenheit.

- Jivamukti Yoga: Alles fließt. Der Weg zur Erleuchtung führt über das Mitgefühl mit anderen Lebewesen.

- Spirit Yoga: Um Heilung zu erreichen, müssen Gegensätze wieder vereint werden.

- Kundalini Yoga: Diese Yoga-Form repräsentiert die Energie der schlafenden Schlange. Energiekanäle werden durch die Übungen geweckt und ermöglichen ein Aufsteigen der Schlange zu allen Chakren.

- Yin Yoga ist eine Form der Meditation, bei der Sie Ihr inneres Selbst besser kennenlernen sollen. Sie lernen über Hingabe an Ihre Emotionen mehr über sich selbst.

- Sivananda Yoga: Das ganzheitliche Yoga wird in einer traditionellen Form unterrichtet. Ein Zusammenleben mit dem Guru ist Voraussetzung.

Wo können Sie die ersten Yoga-Übungen machen?

Es ist nicht empfehlenswert, Yoga-Übungen als Anfänger alleine zu Hause zu beginnen. Auch wenn Sie sich über zahlreiche YouTube-Videos informieren können, benötigen Sie eine fachkundige Anleitung, um die jeweiligen Körperhaltungen korrekt auszuführen. Falsch ausgeführte Yoga-Stellungen können zu gesundheitlichen Beeinträchtigungen führen.

Achtsamkeit

Achtsamkeit bedeutet eine bewusste Wahrnehmung von Körper und Geist in der Gegenwart. Die Aufmerksamkeit auf sich selbst und andere und die Wahrnehmung sollen aber keine Wertungen vornehmen. Sie sollten immer offen für alle möglichen Wendungen und Wahrnehmungen sein. Mit Achtsamkeit nehmen Sie Abschied von einem Leben, das durch einen „Autopiloten" bestimmt wird und achten mehr auf Ihre eigentlichen Emotionen und Ziele.

Leider ist es nicht ganz so einfach, das Jetzt und Hier, also die Gegenwart, wirklich wahrzunehmen. Die meisten Menschen sind zu sehr in unwichtigen Problemen und Stress gefangen.

Sie wollen das anders machen. Sie wollen der Stressfalle entkommen und der Achtsamkeit in Ihrem Leben einen größeren Platz einräumen. Wie können Sie dabei vorgehen?

Das Achtsamkeitstraining

Legen Sie sich auf den Rücken und konzentrieren Sie sich auf die Empfindungen, die in Ihrem Inneren an die Oberfläche kommen. Konzentrieren Sie sich auf Ihren Körper. Liegen Sie bequem oder empfinden Sie an einigen Bereichen unangenehme Schmerzen?

Konzentrieren Sie sich jetzt auf Ihre Atmung. Ist diese ruhig und gleichmäßig oder schnell und mit kurzen Atemzügen? Machen Sie einige tiefe Atemzüge ganz bewusst. Verändern sich Ihre Empfindungen?

Welche Bedürfnisse haben Sie gerade jetzt? Sind Sie durstig oder hungrig? Sind Sie müde und erschöpft, oder fühlen Sie sich entspannt? Versuchen Sie herauszufinden, welche Empfindungen für Sie jetzt wichtig sind. Was steht im Vordergrund? Was ist positiv, was negativ?

Denken Sie darüber nach, was Sie tun können, um Ihre Situation zu verbessern. Was sollte sich ändern, damit die positiven Emotionen überwiegen? Sind Sie in der Lage, diese Dinge selbst zu ändern, oder benötigen Sie die Hilfe von der Familie und von Freunden? Haben Sie bei vertrauten Menschen schon einmal Ihre Wünsche und Vorstellungen angesprochen?

Wie können Sie Achtsamkeit erlernen?

Sie werden merken, dass das nicht so einfach ist. Es benötigt Zeit und Übung. Aber mit etwas Geduld schaffen Sie es sicher.

Leider neigen wir alle dazu, Situationen, Gefühle oder andere Menschen sofort zu bewerten. Alles muss in eine Schublade passen. Wenn nicht, ist es nicht zu erklären und erzeugt in uns ein ängstliches Gefühl. Die Vergangenheit und die in ihr gemachten Erfahrungen beeinflussen ständig die Gegenwart und Ihre Vorstellungen von der Zukunft. Es ist aber gar nicht so leicht, sich von diesen Bewertungen zu verabschieden. Doch es ist der erste Schritt zu mehr Achtsamkeit. Sobald Ihnen bewusst wird, dass Sie etwas bewerten, versuchen Sie, diesen Vorgang zu unterbrechen. Fokussieren Sie sich auf die Gefühle, die spontan in Ihrem Inneren auftauchen. Was sagt Ihr Bauchgefühl? Konzentrieren Sie sich auf das, was Sie außerhalb Ihrer gewohnten Gedanken vorfinden. Sie werden bemerken, dass auf einmal viele neue Perspektiven auftauchen.

Wichtig beim Erlernen der Achtsamkeit ist es, sich nicht an den Gedanken festzuklammern, sondern innezuhalten und eine Distanz zu erschaffen. Das können Sie zum Beispiel durch Atemübungen erreichen.

Woher kommt das Konzept der Achtsamkeit?

Die Wurzeln der Achtsamkeit liegen im Buddhismus. Hier bildet die Achtsamkeit die Grundlage für Meditationen. Jon Kabat-Zinn, ein Molekularbiologe, hat die Achtsamkeit an die westlichen Gewohnheiten angepasst. Dadurch können auch Menschen, die nicht religiös sind, das Prinzip der Achtsamkeit erlernen. Die Lerntechniken bestehen vor allem aus Atemübungen und dem Bodyscan, einer in einem früheren Kapitel beschriebenen Technik.

Achtsamkeitsübungen haben auch Grenzen

Übungen für die Achtsamkeit sind wichtig, um ein Gleichgewicht zwischen Körper und Geist herzustellen. Es gibt allerdings noch keine Studien, die beweisen, dass Achtsamkeitsübungen zu einer Verbesserung von körperlichen Erkrankungen führen können. Findet das Training in einer zu intensiven Form statt, können auch negative Folgen eintreten. Konzentrieren Sie sich ohne professionelle Anleitung zu stark auf sich selbst, kann es passieren, dass sich negative und depressive Gedanken in den Vordergrund drängen und verstärken. Das passiert vor allem dann, wenn Sie ein Training der Achtsamkeit mit einer Selbstoptimierung verwechseln. Sie müssen sich nicht verbessern. Sie sind gut und wertvoll, so wie Sie sind.

Damit ein Achtsamkeitstraining erfolgreich ist, sollten Sie auf folgende Grundhaltungen achten:

- Sie verfolgen mit dem Training keine besonderen Absichten.
- Sie sind offen für alles.
- Sie nehmen alles an, was kommt.
- Sie fällen kein Urteil.
- Sie sind geduldig und haben Vertrauen.
- Sie lassen die Vergangenheit los.

Findet Achtsamkeit im Alltag Platz?

Es ist durchaus möglich, dass Sie die Achtsamkeit in Ihren Alltag integrieren. Machen Sie kleine Pausen bei der Arbeit. Verfallen Sie nicht in alte, starre Gedankenmuster. Lassen Sie Gefühle zu und reagieren Sie darauf. Konzentrieren Sie sich in Pausen auf die Wahrnehmung Ihres Körpers. Hören Sie bei Gesprächen zu und lassen Sie Ihren Gesprächspartner ausreden. Gönnen Sie sich einen Off-Modus vom Internet und vom Fernsehen. Nutzen Sie kleine Rituale wie kurze Spaziergänge, um sich auf Ihre Mitte konzentrieren zu können. Halten Sie immer wieder inne und leben Sie bewusster. Sie haben nur dieses eine Leben und es sollte nicht von der Stressfalle dominiert werden.

Für eine Achtsamkeitsmeditation benötigen Sie nicht viel Zeit

Nicht jede Achtsamkeitsübung muss viel Zeit in Anspruch nehmen. Oft genügt schon ein kurzer Spaziergang, bei dem Sie sich nur auf Ihre Schritte und Ihre Atmung konzentrieren, um wieder mehr zu sich selbst zu finden.

Die Übung der Achtsamkeit kann auch bei den Mahlzeiten durchgeführt werden. Konzentrieren Sie sich auf Ihre Gefühle, bevor Sie mit dem Essen beginnen. Sind Sie hungrig oder durstig? Wie sieht Ihre Mahlzeit aus und wie riecht sie? Nehmen Sie einen Bissen in den Mund und kauen Sie langsam und bewusst. Welchen Geschmack können Sie wahrnehmen? Sind Sie nach der Einnahme der Mahlzeit zufrieden und satt?

Seien Sie dankbar für die Ereignisse des Tages. Denken Sie am Abend über Ihre Erlebnisse nach. Konzentrieren Sie sich dabei auf Dinge, die in Ihnen angenehme Gefühle geweckt haben und für die Sie dankbar sind. Lernen Sie, vermehrt auf die schönen und guten Dinge zu achten und diese zu schätzen.

Achtsamkeit ist manchmal auch mit Minimalismus verbunden

Wir leben in einer Überflussgesellschaft. Kaufen und Wegwerfen ist unsere Devise. Brauchen wir wirklich all die Dinge, die wir besitzen und nicht nutzen? Sind diese nicht eher eine Belastung für uns? Hier verbinden sich Achtsamkeit und Minimalismus.

Hören Sie vor jedem Einkauf in sich hinein. Treffen Sie anhand Ihrer Gefühle eine bewusste Entscheidung für einen Gegenstand. Impulskäufe helfen Ihnen nicht und belasten nur Ihre Finanzen. Ersetzen Sie den unnötigen Überfluss durch Achtsamkeit. Sie holen so mehr Freude in Ihr Leben und schonen gleichzeitig die Umwelt.

Denn ein achtsames Leben bedeutet nicht, den Dingen nachzujagen, sondern den Wert der erlebten Momente und der eigenen Gefühle zu schätzen.

Welche Vorteile ziehen Sie aus der Achtsamkeit?

Sie kennen Ihre eigenen Schwächen und Stärken und können so selbstbewusster durch das Leben gehen. Ihre Stressresilienz wird größer. Das hat auch Auswirkungen auf Ihre psychische und körperliche Gesundheit.

Tauchen Probleme auf, reagieren Sie bei Kleinigkeiten nicht mehr gestresst, sondern halten eine Weile inne und hören in sich hinein. Der kurze Stillstand bringt oft überraschende Lösungen. Sie können sich besser konzentrieren und verhalten sich gegenüber Veränderungen offener. Sie malen sich nicht eine schwarze Zukunft aus, sondern leben in der Gegenwart und genießen den Moment. Dadurch haben Sie weniger Sorgen, die positiven Gedanken sind stärker vertreten. Damit ändert sich automatisch auch Ihr ganzes Leben zum Positiven. Mit Achtsamkeit sind Sie geduldiger im Alltag und rasten nicht mehr bei der kleinsten Kleinigkeit aus. Sie haben die Stressfalle überwunden.

Progressive Muskelentspannung

Die progressive Muskelentspannung wurde als Entspannungstechnik von dem Arzt Edmund Jacobson 1920 entwickelt. Der Arzt erkannte den Zusammenhang zwischen Gefühlen und der Anspannung von Muskelgruppen. Dabei bedeutet der Begriff fortschreitende Muskelentspannung.

Sie spannen gezielt einzelne Muskelgruppen an und entspannen diese dann bewusst wieder. Die Entspannungsübungen beginnen am Kopf und schreiten dann immer weiter fort, bis Sie die Füße erreicht haben. Sie können die progressive Muskelentspannung im Liegen oder sitzend ausführen.

Die fünf Phasen der Übung

- Phase 1: Durch Hinspüren richten Sie Ihre Konzentration auf eine bestimmte Muskelgruppe.

- Phase 2: Sie spannen die Muskelgruppe an. Die Spannung muss wahrnehmbar sein, darf aber nicht krampfartig verlaufen.

- Phase 3: Halten Sie die Spannung für sieben bis zehn Sekunden. Konzentrieren Sie sich dabei auf die Muskelgruppe.

- Phase 4: Lassen Sie los. Die Anspannung der Muskelgruppe lockert sich wieder.

- Phase 5: Konzentrieren Sie sich für 30 Sekunden auf die vorher angespannte Muskelgruppe. Führen Sie keine Bewertung durch.

17 Muskelgruppen werden nacheinander angespannt

- Unterarm und Hand: Die aktive Hand (bei Rechtshändern die rechte Hand) bildet bei der Anspannung eine Faust.

- Oberarm: Der Oberarm wird aktiv nach oben gebeugt. Dabei ist die Hand geöffnet.

- Wiederholen Sie die Übungen mit der anderen Seite.

- Stirn: Die Stirn wird gerunzelt und die Augenbrauen nach oben gezogen.

- Nase und Auge: Pressen Sie die Augen zusammen und rümpfen Sie die Nase.

- Kiefer und Lippen: Drücken Sie die Zunge bei zusammengepressten Lippen an den oberen Gaumen.

- Hals und Nacken: Beugen Sie den Kopf nach beiden Seiten.

- Schultern: Ziehen Sie die Schultern aktiv hoch.
- Bauch: Atmen Sie ruhig bei angespannter Bauchmuskulatur.
- Beckenboden und Gesäß: Spannen Sie die Muskulatur aktiv und spürbar an.
- Rechter Oberschenkel: Das rechte Bein wird angehoben.
- Rechter Unterschenkel: Drücken Sie den rechte Fuß aktiv nach oben.
- Rechter Fuß: Beugen Sie Ihre Zehen nach innen.
- Wiederholen Sie alles mit dem linken Bein.

Welche Wirkung hat die progressive Muskelentspannung nach Jacobson?

Durch die Konzentration auf einzelne Muskelgruppen und den Wechsel zwischen Anspannung und Entspannung kann Ihr Körper in einen Ruhemodus gehen. Der Organismus stellt sich auf Erholung und Regeneration und nicht mehr auf Leistung ein.

Der Parasympathikus reagiert aktiver als der Sympathikus. Sie entspannen sich. Herzfrequenz und Blutdruck sinken. Die Muskeln fühlen sich schwerer an. Durch die Entspannung verändert sich auch die Wahrnehmung der Umgebung.

Auf längere Zeit fördern Sie mit der progressiven Muskelentspannung nach Jacobson Ihre geistige Leistungsfähigkeit und Konzentrationsfähigkeit. Sie nehmen die Vorgänge in Ihrem Inneren und Ihre Gefühle besser wahr. Durch das Training der Gelassenheit erhöht sich Ihre Lebensqualität. Die Stressresilienz ist höher als vor den Übungen.

Worauf sollten Sie bei der Durchführung der Übungen achten?

Nehmen Sie sich 20 bis 30 Minuten Zeit, um alle Übungen ohne Hektik ausführen zu können. Tragen Sie Kleidung, die Ihre Bewegungsfreiheit nicht einschränkt. Machen Sie die Übungen in einem leicht abgedunkelten und ruhigen Raum, damit Sie nicht von unwichtigen Dingen abgelenkt werden können. Achten Sie bei allen Übungen darauf, ruhig und gleichmäßig zu atmen. Fokussieren Sie Ihre Aufmerksamkeit während der Übungen immer auf die betreffende Muskelgruppe. Alles andere ist zu diesem Zeitpunkt nicht wichtig.

Die Methode der progressiven Muskelentspannung ist ideal, um Stress abzubauen und keinen neuen Stress entstehen zu lassen. Sie können diese Technik präventiv zu Erhaltung Ihrer Gesundheit anwenden oder dann, wenn Sie bereits angesammelten Stress auflösen wollen.

Wann sollten Sie vor der Anwendung der progressiven Muskelentspannung einen Arzt kontaktieren?

Bei Erkrankungen des Gehirns und daraus resultierender schlechter Konzentrationsfähigkeit sollten die Übungen nur unter der Aufsicht eines Arztes durchgeführt werden. Dasselbe gilt für Bandscheibenvorfälle, Lumbago, psychiatrische Erkrankungen, Herzerkrankungen, Epilepsie oder bei der Einnahme von beruhigenden Medikamenten.

Glaubenssätze und Affirmation

Sie selbst sind Ihr stärkster Kritiker. Egal, was Sie auch tun, Sie können es sich selbst nie vollständig recht machen. Auch wenn es sich um unbedeutende Kleinigkeiten handelt, die den Gesamterfolg nicht beeinflusst hätten, flüstert Ihr Gehirn Ihnen immer wieder zu: Was wäre gewesen, wenn? Der Großteil Ihrer 60.000 Gedanken täglich wird von Selbstkritik und Zweifel dominiert. Und negative Gedanken erzeugen bekanntlich Stress.

Ändern Sie das doch. So wie Ihr Gehirn Sie mit negativen Gedanken beeinflusst und Stress verursacht, können Sie Ihr Gehirn mit positiven Gedanken überlisten. Ja, das funktioniert.

Was sind Affirmationen und Glaubenssätze?

Affirmationen sind positive Sätze, die von Ihnen frei formuliert werden können. Sie können die Sätze an jede Situation anpassen und auch während des Tages einfach verändern. Wichtig ist einzig und allein, dass Sie sich mit dem Satz wohlfühlen und sich mit dem Inhalt identifizieren können.

Besteht eine Affirmation schon seit sehr langer Zeit, kann sie sich als Glaubenssatz im Unterbewusstsein verankern.

Das Ziel einer Affirmation ist, durch ständige Wiederholung eines Satzes erwünschte Dinge geschehen zu lassen. Denn meistens passiert das, woran unser Gehirn glaubt.

Wie funktioniert eine Affirmation?

Überlegen Sie sich einen kurzen positiven Satz, den Sie sich leicht merken können. Der Satz sollte nicht in der Zukunft, sondern immer in der Gegenwart formuliert werden. Sie wollen die Erfüllung ja schließlich jetzt und nicht erst in längerer Zeit.

Sobald Sie aufwachen, beginnen Sie damit, den Satz immer wieder zu wiederholen. Sie können das laut oder einfach in Ihren Gedanken tun. Wichtig ist, dass Sie sich dabei auf den positiven Satz und seinen Inhalt konzentrieren. Am Morgen ist der perfekte Zeitpunkt. Ihr Gehirn ist noch frisch und nicht vom Alltag abgelenkt. Jetzt besteht die beste Möglichkeit, einen positiven Einfluss auf das Gehirn auszuüben.

Wenn Sie die Affirmation mehrmals täglich wiederholen, verankert sich der Satz in Ihrem Unterbewusstsein. Nach einiger Zeit beginnen Sie, an diesen Satz zu glauben und Ihre Handlungen danach zu richten.

Unterstützen Sie Ihr Gehirn beim Lernen der Affirmation. Kleben Sie Notizzettel an den Spiegel im Badezimmer, den Kühlschrank, den Kleiderkasten, den Schreibtisch und den Computer. Sprechen Sie den Satz immer mehrmals aus, wenn Sie einen Zettel sehen. Vielleicht können Sie den Satz auch auf dem Display Ihres Handys abspeichern.

Wie wird eine Affirmation formuliert?

Nutzen Sie immer eine positive Formulierung. Sagen Sie zum Beispiel nicht: „Ich bin nicht krank." Das Wort krank ist negativ besetzt. Die Affirmation muss lauten: „Ich bin gesund."

Beispiele für Affirmationen zur Stressbewältigung

Ich atme tief, ruhig und entspannt.

Ich achte auf mein inneres Selbst.

Ich fühle für mich selbst Respekt.

Ich lasse meine Gefühle zu.

Mein Körper und meine Gedanken sind entspannt.

Ich bin entspannt.

Ich bin glücklich und zufrieden.

Mein Tag verläuft positiv.

Ich akzeptiere mich, wie ich bin.

Ich konzentriere mich auf positive Gedanken.

Ich liebe mich.

Ich leiste viel und bin stolz auf mich.

Ich bin ein wertvoller Mensch.

Ich bin offen für alle Ereignisse des Tages.

Ich kann mich heute leicht konzentrieren.

Die Arbeit erledige ich heute leicht.

Ich nehme mir Zeit für mich.

Die Gegenwart ist schön.

Heute nehme ich alle Dinge, die ich nicht ändern kann, gelassen hin.

Sie werden schnell bemerken, dass Sie aus einer positiven Affirmation Kraft gewinnen können. Ihre Selbstliebe und Selbstakzeptanz werden sich steigern. Dadurch werden Sie auch von anderen Menschen positiv wahrgenommen. Denn wir spiegeln uns immer in unserem Gegenüber.

Warum sind Glaubenssätze meistens negativ besetzt?

Sie kennen sicher Ihre eigene Meinung von sich selbst. Wahrscheinlich ist ein Großteil dieser Glaubenssätze negativ besetzt. Doch warum ist das so? Dafür müssen Sie sich zuerst fragen, wie diese Glaubenssätze entstanden sind.

Viele werden auf Erfahrungen Ihrer Kindheit basieren. Haben Sie nicht auch oft gehört: „Du bist unsportlich. Du kannst nichts. Immer machst du Ärger. Du bist zu faul zum Lernen. Du bist ein Versager."

Wie funktioniert ein negativer Glaubenssatz?

Der negative Glaubenssatz hat sich in Ihrem Bewusstsein festgesetzt. Schließlich wissen Eltern und Lehrer ja, wovon sie sprechen. Nun beginnt die selbsterfüllende Prophezeiung, die wir alle so gut kennen. Sie glauben selbst an den Inhalt des Glaubenssatzes und verhalten sich auch so. Alle sagen, Sie sind faul. Also muss es so sein. Sie sind schuld daran, dass Sie keinen Erfolg haben.

Ein wahrer Teufelskreis, der Ihr Selbstvertrauen immer mehr schwächt. Dabei haben Ihre Eltern und Lehrer diese Sätze schon längst wieder vergessen. Nur Ihr Unterbewusstsein hält die Glaubenssätze für festgeschriebene Regeln, die immer gelten und nicht verändert werden können.

Was können Sie tun?

Handeln Sie. Ihr Unterbewusstsein hat nicht immer recht. Führen Sie mit positiven Affirmationen eine Umprogrammierung durch. Nach einiger Zeit verschwinden die negativen Glaubenssätze und werden durch die positiven Affirmationen ersetzt. Jetzt können Sie freier handeln. Sie werden erstaunt sein, wie gelassen Sie reagieren und wie viel Erfolg Sie haben. Ihr Leben hat sich mit den positiven Affirmationen zum Glücklichen gewendet.

In welchen Bereichen können Sie positive Affirmationen anwenden, um mehr Gelassenheit zu erlangen?

- Partnerschaft
- Arbeit
- Freundeskreis
- Selbstbewusstsein
- Finanzielle Angelegenheiten
- Gesundheit
- Gewichtsreduktion

Mit positiven Affirmationen wird es Ihnen gelingen, Ihre Ängste zu überwinden und Probleme zu lösen. Negative Gedanken und Angewohnheiten, die Stress verursachen, gehören dann der Vergangenheit an.

Der Glaube an die eigene Person und Selbstakzeptanz

„Niemand liebt mich so wie ich selbst." Das ist ein sehr wichtiger Satz. Wenn Sie sich selbst nicht lieben, können Sie auch keine Liebe von anderen Menschen annehmen. Um akzeptiert zu werden, ist es wichtig, seine eigene Persönlichkeit mit allen Schwächen und Stärken zu akzeptieren. Sie können es nie allen anderen Menschen recht machen. Deshalb ist es so wichtig, dass Sie sich selbst akzeptieren.

Was Sie bei der Selbstakzeptanz nicht tun sollten

Selbstakzeptanz bedeutet, dass Sie sich als Person gut finden. Es heißt aber nicht, dass Sie über Ihre Fehler und schlechten Neigungen hinwegsehen oder diese gut finden sollen. Natürlich muss jeder Mensch an sich arbeiten. Sie wollen sich ja schließlich weiterentwickeln, um ein Leben in Gelassenheit führen zu können.

Sie müssen nicht jede Eigenschaft an sich selbst toll finden, aber Sie müssen diese akzeptieren. Denn nur als einheitliches Ganzes ist es möglich, in Harmonie zu leben.

Was ist Selbstakzeptanz?

Selbstakzeptanz ist immer eine Mischung aus Selbstvertrauen, Selbstachtung, Selbstliebe, Selbstwert und Selbstzuwendung. Alle diese Dinge machen den wichtigsten Teil Ihrer Persönlichkeit aus. Bevor Sie anderen Menschen Ihren Wert deutlich machen können, müssen Sie Ihren eigenen Wert kennen.

Um sich selbst gut kennenzulernen, benötigen Sie nicht nur das Wissen über sich selbst. Sie müssen über Ihre Persönlichkeit auch reflektieren können. Aber alles nicht übertrieben, sondern mit Gelassenheit und in einem realistischen Ausmaß.

Bleiben Sie dabei nicht in Ihrem Wunschdenken stecken. Das gleicht einem Selbstbetrug. Nehmen Sie nicht die Rolle des Opfers ein, sondern betrachten Sie aktiv Ihre Handlungen. Nicht immer sind die anderen schuld. Ziehen Sie aus den vergangenen Handlungen ohne Vorwürfe Erkenntnisse für zukünftige Handlungen. Die Affirmation lautet: Ich mache es besser.

Damit können Sie auch der Zukunft gelassener begegnen. Nehmen Sie die Ereignisse an, ohne sich selbst zu zerfleischen. Akzeptieren Sie auch schwierige Charaktereigenschaften als Teil Ihrer individuellen Persönlichkeit.

Selbstakzeptanz macht Veränderungen erst möglich

Nur wenn Sie Ihr Handeln in der Vergangenheit akzeptieren, sind Sie in der Lage, in der Gegenwart anders zu handeln. Sie stehen zu Ihren Fehlern und haben daraus gelernt. Jetzt sind Veränderungen zum Positiven und zu mehr Gelassenheit möglich.

Übungen für die Selbstakzeptanz

Schreiben Sie Ihre Stärken auf ein Blatt Papier. Schreiben Sie in eine weitere Spalte Ihre Schwächen. Vergleichen Sie die beiden Spalten wie ein neutraler Beobachter. Was überwiegt: die positiven oder die negativen Eintragungen? Seien Sie Ihr bester Freund bei der Beurteilung. Wenn Sie die Schwächen ansehen, sollten Sie gleich die positiven Stärken benennen. Denn Sie besitzen in Ihrer Persönlichkeit mehr positive als negative Anteile. Wenn Sie sich zu negativ wahrnehmen, denken Sie an das Kapitel mit den Glaubenssätzen.

Loben Sie sich immer selbst für Dinge, die Sie erreicht haben. Sie wissen, was Sie wert sind, und müssen nicht auf das Lob von anderen Menschen warten.

Für mehr Gelassenheit kommt es nicht auf Perfektionismus an. Das Einzige, was zählt, ist die Liebe zu sich selbst.

Senden Sie sich jeden Tag mit einer Affirmation eine Botschaft voller Liebe.

Erkennen Sie, dass es in Ordnung ist, nicht perfekt zu sein. Andere sind es auch nicht.

Sehen Sie auch in Ihren Schwächen eine Stärke. Denn Sie können alles an sich selbst ändern. Sagen Sie sich immer wieder: „Ich bin OK." Das dabei entstehende Gefühl wird Ihren Mut, sich selber zu akzeptieren, verstärken.

Das realistische Setzen von Zielen sowie eine durchdachte Planung

Überfordern Sie sich nicht mit verschiedenen Zukunftsplänen. Wenn der Erfolg in weiter Ferne liegt, scheint er oft unerreichbar. Planen Sie lieber realistische Ziele, die Sie leichter erreichen können. Sie kommen so Schritt für Schritt voran. Denn die kleinen Ziele sind wie die Sprossen einer Leiter, die letztendlich zum großen Erfolg führt.

Damit Ihre Pläne keinen Stress auslösen, sollten Sie von Anfang an durchdacht sein. Was ist das Hauptziel? Wo handelt es sich nur um Nebenschauplätze? Wie kommen Sie am besten voran?

Planen Sie immer auch Rückschläge mit ein. Dann müssen Sie nicht mit Frustration und Entmutigung reagieren. Es kann nicht immer alles glatt gehen. Manchmal ist ein Schritt zurück die bessere Wahl, um dann umso schneller vorwärts zu kommen.

Loben Sie sich für jedes erreichte Ziel selbst. Auch wenn die Auswirkungen noch nicht deutlich zu erkennen sind: Sie haben schon Bedeutendes geleistet.

Mit der richtigen Planung, Geduld und Gelassenheit werden Sie immer Ihr gesetztes Ziel erreichen.

Tagebuch schreiben

Sie wollen sich jemandem anvertrauen? Die richtige Person dafür sind Sie selbst. Führen Sie doch einmal ein Tagebuch. Hier können Sie absolut ehrlich sein. Nichts wird nach draußen dringen und für negative Reaktionen sorgen.

Schreiben Sie Ihren Weg zu mehr Gelassenheit Schritt für Schritt auf. Reflektieren Sie über die Fortschritte, die Sie gemacht haben, aber auch über die Niederlagen. Heben Sie die Übungen, die für Sie am besten geeignet waren, durch Markierungen hervor.

Mit dem Tagebuch können Sie immer wieder an den Anfang zurückkehren. Jetzt werden Sie erst richtig erkennen, wie weit Sie schon gekommen sind. Sie sind nicht mehr in der Stressfalle gefangen und können sich über mehr Entspanntheit und Gelassenheit in Ihrem Leben freuen.

Gelassenheit erlernen für spezifische Lebensbereiche

Die Gelassenheit hat nun in Ihr Leben Einzug gehalten. In diesem Kapitel erhalten Sie noch einige Tipps, wie Sie Gelassenheit für verschiedene Lebensbereiche erlernen und in den Alltag integrieren können.

Gelassenheit im Alltag

Sie befinden sich in einer stressigen Situation. Ärger steigt in Ihnen auf. Halten Sie inne. Atmen Sie bewusst und gewinnen Sie dadurch Zeit. Zählen Sie langsam von 100 rückwärts. Wenn Ihr Gehirn mit dem Zählen beschäftigt ist, kann es sich nicht auf Gefühle wie Ärger und Stress konzentrieren und diese verstärken. Die negativen Emotionen verschwinden und Sie können gelassen auf die jeweilige Situation reagieren.

Gelassenheit im Beruf

Die Arbeit häuft sich. Alles soll am besten gestern erledigt werden. Verfallen Sie jetzt nicht in die alten Denkmuster. Setzen Sie sich aufrecht hin und atmen Sie einige Male bewusst tief ein und aus. Merken Sie, wie sich Ihr Körper entspannt und beruhigt. Jetzt können Sie sich wieder konzentrieren und mit der ersten Aufgabe beginnen.

Gelassenheit bei der Erziehung

Kinder können, vor allem in der Pubertät, eine große Herausforderung sein. Trotzdem sollten Sie nicht gestresst und verärgert, sondern mit vernünftigen Argumenten reagieren. Nehmen Sie doch Keulen aus Schaumstoff. Geben Sie Ihrem Nachwuchs die Gelegenheit, sich durch

Schläge mit der Keule auf Gegenstände abzureagieren. Sind die Wut und die Anspannung verflogen, kann das Gespräch in einem entspannteren Modus ablaufen.

Gelassenheit in der Partnerschaft

Ist Eifersucht bei Ihnen ein Thema? Wenn ja, haben Sie wirklich Grund zu der Eifersucht, oder hat sich durch einen negativen Glaubenssatz ein Gespenst in Ihrem Gehirn eingenistet? Liegt die Ursache Ihrer Eifersucht vielleicht in Ihnen selbst und in Ihrer Kindheit? Reflektieren Sie einmal allein über Ihre Eltern und Ihre Kinderzeit. War die Zuneigung ausreichend? Hatten Sie Angst, verlassen zu werden? Diese alten Muster können Sie durch positive Affirmationen ändern: Ich fühle mich geliebt. Ich bin geborgen.

Bei Streitigkeiten mit dem Partner fallen vielleicht Worte, die Sie später bereuen. Aber ein Zurücknehmen ist leider nicht mehr möglich. Beginnen Sie während eines Streits gestresst und angespannt zu reagieren, nehmen Sie sich kurz aus der Situation heraus. Auf einmal sind Sie ein neutraler Beobachter. Was ist der eigentliche Grund für den Streit? Haben sich vielleicht viele Kleinigkeiten angesammelt und der letzte Tropfen hat das Fass zum Überlaufen gebracht?

Sprechen Sie Unstimmigkeiten immer sofort in einem entspannten Moment an. Besetzen Sie die Probleme positiv, indem Sie Ihrem Lebensmenschen sagen, dass Sie ihn lieben. Verwenden Sie keine beleidigenden Worte. Bevor der Ärger überhandnimmt, führen Sie bewusste Atemübungen durch. Lösen Sie die stressige Situation am Ende immer auf. Streben Sie mit positiven Worten eine Versöhnung an, bevor Sie das Haus verlassen oder zu Bett gehen. Denn wer weiß schon, was die nächsten Stunden bringen.

Gelassenheit in der Schule

Hier sind Atemübungen besonders hilfreich, um Prüfungsangst oder Schulstress zu bekämpfen. Beginnen Sie mit einer positiven Affirmation: Ich beherrsche den Lehrstoff. Ich weiß alle Antworten. Ich bestehe die Prüfung.

Bevor Sie mit der Beantwortung der Fragen beginnen, atmen Sie mehrmals bewusst ein und aus. Konzentrieren Sie sich auf den Fluss Ihres Atems und finden Sie wieder Ihre Mittel. Die Angst und der Stress werden schnell abnehmen und Sie können sich voll auf die Beantwortung der Fragen konzentrieren.

Gelassenheit im Supermarkt

Die Schlange an der Kasse ist lang und Sie sind in Eile. Was können Sie ändern, wenn Sie gestresst und gereizt reagieren? Nichts. Manche Dinge im Leben müssen Sie einfach hinnehmen. Sie haben keine Möglichkeit, diese zu beeinflussen. Warum also in die Stressfalle tappen? Nutzen Sie die Zeit lieber für Atemübungen und entspannen Sie sich durch das bewusste Atmen.

Gelassenheit, wenn die Gedanken in der Nacht nicht zur Ruhe kommen

Der Tag war anstrengend und Sie schaffen es nicht, das Gedankenkarussell in Ihrem Kopf anzuhalten. Jetzt ist Entspannung gefragt, bevor der Stress Ihnen die ganze Nacht den Schlaf raubt. Legen Sie sich möglichst gerade auf den Rücken. Die Arme liegen entspannt auf der Seite. Die Beine sind gestreckt. Atmen Sie durch die Nase tief ein. Konzentrieren Sie sich auf Ihre Lunge, die sich ausdehnt und mit Luft füllt. Halten Sie den Atem an. Jetzt atmen Sie langsam wieder aus.

Wiederholen Sie die Atemübungen, bis Sie spüren, dass sich ein Gefühl der Entspannung in Ihrem Körper ausbreitet.

Bieten Sie Ihrem Gehirn eine andere Aufgabe, um die ständig wiederkehrenden Gedanken zum Schweigen zu bringen. Sie können zum Beispiel ein Lied singen. Wenn Sie singen, kann nicht gleichzeitig ein Gefühl von Nervosität und Unruhe entstehen. Die quälenden Gedanken treten in den Hintergrund. Sie können einschlafen.

Gelassenheit im Tagesablauf

Lassen Sie sich nicht hetzen. Beginnen Sie sofort nach dem Aufwachen mit einer positiven Affirmation. Denn jeder Tag sollte mit einem Stückchen Glück beginnen. Nutzen Sie die Zeit im Bad für das Wiederholen des Mantras. Essen Sie während des Frühstücks bewusst. Schauen Sie sich um, wie gut der Tisch gedeckt ist. Kauen Sie jeden Bissen sorgfältig und konzentrieren Sie sich auf den Geschmack.

Den Weg zur Arbeit können Sie dazu nutzen, sich durch weitere Atemübungen zu entspannen. Durch bewusstes Atmen kommen Sie erfrischt und voller Kreativität und Konzentration an der Arbeitsstelle an.

Machen Sie immer wieder kleine entspannende Pausen. Eventuell können Sie sogar einen kurzen Spaziergang unternehmen, damit Sie sich auf Ihr Inneres konzentrieren können.

Überbewerten Sie nicht jeden Fehler. Suchen Sie stattdessen lieber eine Lösung, um den Fehler zu beheben.

Schlusswort

Jetzt sind Sie am Ende des Buches angelangt. Ich bedanke mich bei Ihnen, dass Sie das Buch gekauft und gelesen haben.

Vor dem Kauf des Buches waren Sie ein Mensch, der hilflos dem Stress ausgeliefert war. Wahrscheinlich hat der Stress schon erste Auswirkungen auf Ihre Gesundheit verursacht.

Aber Sie haben rechtzeitig erkannt, dass Sie gestresst waren, und haben Gegenmaßnahmen ergriffen. In dem Buch haben Sie viel über Stress und seine Entstehung gelernt. Sie haben sich mit den wichtigsten Stressoren und deren Einfluss auf Ihr Leben beschäftigt. Mit einigen Übungen haben Sie gelernt, sich selbst besser kennenzulernen und auch die Ursache für Ihren Stress zu erforschen.

Sie haben Atemübungen und andere Möglichkeiten zur Reduktion von Stress ausprobiert und sicher schon gelernt, in den meisten Situationen gelassen zu reagieren.

Durch Persönlichkeitstests haben Sie erkannt, wie Sie die Gelassenheit in Ihrem Leben integrieren und so ein glückliches und entspanntes Leben führen können.

Sicher haben Sie selbst schon bemerkt, wie viele positive Auswirkungen das Buch auf Ihr Leben gehabt hat.

Denken Sie doch auch an Ihre Familie und Freunde. Verschenken Sie das Buch und eröffnen Sie auch Ihrem Umfeld die Möglichkeit, der allgegenwärtigen Stressfalle zu entkommen und mehr Gelassenheit zu lernen.

Ich bedanke mich noch einmal bei Ihnen für den Kauf des Buches und wünsche Ihnen viel Erfolg bei weiteren Übungen. Weg vom Stress und auf zu mehr Gelassenheit.

Gelassenheit beim Zahnarzt

Viele Menschen haben Angst vor einem Zahnarztbesuch. Gehören Sie auch zu dieser Gruppe? Dann können Sie sicher mit den gelernten Übungen verhindern, dass sich die Angst immer weiter aufbaut und Stress sich in Ihrem Körper ausbreitet.

Konzentrieren Sie sich im Wartezimmer nur auf Ihre Atmung. Dinge, die in Ihrer Umgebung passieren, sind nicht wichtig. Beginnen Sie mit einer Visualisierung, sobald Sie im Zahnarztstuhl sitzen. Stellen Sie sich eine schöne Landschaft oder ein Ereignis vor, bei dem Sie besonders glücklich waren. Denken Sie nur an die positiven Dinge. Setzen Sie sich an das Ufer eines Sees und werfen Sie die Angelrute aus. Unternehmen Sie eine Phantasiereise und bauen Sie dadurch den Stress ab. Die Behandlung ist schneller vorbei, als Sie denken. Ihre Vision hat Sie an einen angenehmen Ort geführt, an dem Sie den Schmerz nicht wahrnehmen konnten.

Durch die Verstärkung der positiven Gefühle haben Sie Ihrer ursprünglichen Angst die Möglichkeit genommen, die Schmerzschwelle absinken zu lassen und den Schmerz noch deutlicher zu fühlen. Überlegen Sie schon vor dem nächsten Zahnarztbesuch, welche Phantasiereise Sie diesmal unternehmen wollen.

Quellenverzeichnis

https://soulsweet.de/selbstakzeptanz/

*https://www.selbstbewusstsein-staerken.net/
selbstakzeptanz/*

*https://honigperlen.at/2020/12/
nutze-diese-15-affirmationen-als-turbo-fuer-po-
sitive-veraenderungen/*

https://greator.com/positive-affirmation/

*https://www.eagle-vision-communication.de/
Affirmationen.htm*

*http://einfach-gruenlich.de/2017/01/30-affir-
mationen-fuer-einen-guten-start-in-jeden-tag/*

*https://de.wikipedia.org/wiki/
Progressive_Muskelentspannung*

*https://www.minimed.at/medizini-
sche-themen/bewegungsapparat/
progressiv-muskelentspannung-jacobsen/*

*https://www.gesundheit.gv.at/leben/stress/
progressive-muskelentspannung*

https://karrierebibel.de/achtsamkeit/

*https://utopia.de/ratgeber/achtsamkeit-ler-
nen-mbsr-achtsamkeitsuebungen-achtsamkeits-
training-achtsamkeitsmeditation-hier-und-jetzt/*

*https://www.7mind.de/
warum-meditation-lernen/gelassenheit*

*https://www.fitforfun.de/sport/stress-
stress-195914.html*

https://www.bunte.de/gesundheit-wellness/
fit-statt-gestresst-5-sportarten-zum-entspan-
nen-125394.html

https://www.medizinpopulaer.at/archiv/
bewegung-fitness/details/article/mit-sport-
gegen-stress.html

https://praxistipps.focus.de/
atemuebungen-zur-entspannung-die-5-be-
sten-methoden_97472

https://www.zeitblueten.com/news/
atemuebungen/

https://www.minimed.at/medi-
zinische-themen/psyche/
atemuebungen-entspannung/

https://www.tk.de/techniker/maga-
zin/life-balance/aktiv-entspannen/
meditative-atemuebungen-2007104?tkcm=aaus

https://www.helsana.ch/de/blog/psyche/ent-
spannung/atemuebungen-zur-entspannung.
html

https://karrierebibel.de/gelassenheit/

https://www.7mind.de/magazin/
resilienz-uebungen-innere-staerke-tipps

https://www.das-resilienz-programm.de/ratge-
ber/resilienzuebungen.html

https://www.business-wissen.de/artikel/
resilienztraining-mit-uebungen-die-resilienz-fo-
erdern/

https://www.blueprints.de/selbstwert/resi-
lienz-staerken.html

Liebe Leserin, lieber Leser,

hat Ihnen dieses Buch gefallen? Wir freuen uns über Ihre Verbesserungsvorschläge, Kritik und Fragen zum Buch.

Die Meinung und Zufriedenheit unserer Leserinnen und Leser ist uns sehr wichtig. Kontaktieren Sie uns deshalb gerne und schreiben uns eine E-Mail an *feedback@ eulogiaverlag.de*

Wir freuen uns auf Ihre Nachricht.

Herzlichst

Ihr Eulogia Verlags Team